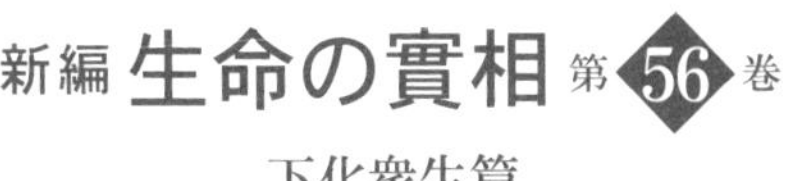

下化衆生篇

哲学の実践

谷口雅春

Masaharu Taniguchi

光明思想社

編者はしがき

本篇の篇名である「下化衆生（げけしゅじょう）」とは仏教用語の「上求菩提（じょうぐぼだい）　下化衆生」（悟りを求め人々を救う）の対句の言葉の一方であるが、その言葉通り、本篇は谷口雅春先生の「生命の実相」哲学が他の哲学・宗教の中でどのように位置づけられ、どのような特徴を持っているかに主眼を置き、その上で如何（いか）に多くの人々を救う力を持っているかを説いた著作である。その特徴を谷口雅春先生は次のように述べておられる。

「本篇は知識階級の読者層の理解に資せんがために、生長の家の哲学および信仰体系の学的系統を明らかにすべく……」（「はしがき」）

とあることから、「本篇は自分には関係がない、この篇は読み飛ばそう」と思われる読者がいるかも知れない。

しかし、本篇は単なる哲学論文ではない。谷口雅春先生の教えによって病気治癒やその他の人生上の苦悩が解決される理由を、地球の東西に存在する哲学、宗教との関わりを理論的に説明することによってはっきりと浮かび上がらせ、この教えが人類の救済にとって如何に必要であるかを明らかにしているのである。

一体、「生命の実相」哲学の地球的位置づけとはどのようなものなのであろうか。谷口雅春先生は、本書で次のように述べておられる。

「私は、本全集『生命の實相』第二十巻（注・戦前発行された『生命の實相』を指す）に於て『久遠を流るるいのち』（注・新編『生命の實相』では第四十三巻）と題して、私の『生命の実相』哲学が、何ら新興的なものではなく、久遠を流るるいのちとしての久遠釈迦の教えの顕現であること、仏教が西漸してカント及びヘーゲル等のドイツ哲学となり、それが米国に輸入せられてエマースンの光明思想となり、続いてマーデン、トライン、ラースンその他エマースンの思想系統を引くニュー・ソート一群の思想家及びクリスチャン・サイエンス一群の実践的宗教によってあたかもキリスト教思想の新形態の如く表面は仮装されつつ（思想家自身もそれは意識していなかったが、）実はそれが仏教の米国浸潤であること、そして、その思想が更に日本に渡来したのである、こうして仏教思想は一方支那を経由して弘法・道元等により日本に輸入せられたが、他方ドイツを経由して米国哲学となり、それが、著しく実践的傾向を帯びて日本に輸入せられたのであった。しかもそれは純日本哲学とも一致するのであって、ここに一切を統一融合する地理的位置にある日本として、宗教及び哲学の綜合的融合を成就する使命を果さんがために、純日本哲学に一元化せられたる大乗仏教、大乗キリスト教として、そのまま諸教を万教帰一的原理に融合せしめたものが生長の家であることを説いておいた」（三～五頁）

是非「久遠を流るるいのち」を再読して頂きたいが、概括して言えば、仏教はインドから東に向かって進み、中国に伝わり、それが日本海を越えて日本に伝えられた。

一方、西に向かった仏教はカント、ヘーゲルなどの哲学思想に影響を与え、ドイツ観念論と言われる哲学体系となった。その仏教的ドイツ思想がさらに西に移動し大西洋を越えてアメリカに入り、その大きな影響を受けて発展したアメリカ思想がニュー・ソートやクリスチャン・サイエンスの思想であり、それらの思想も日本にもたらされた。キリスト教も当然全地球上に伝わり、日本に到達していた。

そして谷口雅春先生は次のように説かれる。

「ヘーゲルの哲学と仏教との一致（これは紀平正美（きひらただよし）博士が書いている）を経（たて）とし、カント及びヘーゲルの哲学とキリスト教との融合を緯（よこ）とし、それに純日本哲学と、仏耶（ぶつや）両教とを完全に融合せるものが生長の家の『生命の実相』の哲学であるのである。今その哲学は、人類の間に肉体となって生活しつつあるのである」（五七～五八頁）

仏教やキリスト教、そして日本固有の思想である神道、その他の宗教が日本の地において融合し濾過（ろか）され純化され、その結果、純粋なる万教帰一的な宗教哲学思想が出現した。その日本の地でこそ生まれるべくして生まれた宗教哲学思想こそが、谷口雅春先生の「生命の実相」哲学であったということである。

次に、第二章で「唯物論的科学主義」について述べられる。その「正体」が如何なるものかを白日の下に暴き出されている。

「今や科学はその発見せる因果関係の普遍妥当性の要求を捨てて或は奇蹟と見えたり、或は除外例と見えるような特殊な事実をも、それを当然として認めなければ精密なる科学であるという資格がないというようになっているのである。ここに私は科学の崩壊と更生の道とを発見するのである」（九六頁）

科学を絶対視して宗教を否定する唯物論者にとって、素粒子物理学などの最先端物理学などが自らの立脚点である「事実」がただ一つだけではないと理解するに至っている時、彼らの依って立つ根拠自体が大きく揺らいでいる。

このように、第一章、第二章で「生命の実相」哲学の外延部分が示され、第三章以降には「生命の実相」の「救いの言葉」が述べられている。

「神は光である。世を照らす光である。光は暗黒に反照する。暗黒は光を照らす事が出来ない。暗黒が光に近づけば暗黒は光に化してしまう。暗黒は積極的力ではない。積極的存在ではない。光を知らないのである。暗黒は束になってきても光を消すことは出来ない。光を知れば光になってしまうのが暗黒である。

光を受けよ。受けた者だけが光となるのである。

光を受けるとは、汝らの生命の実相を知ることである。汝らの生命の本質が、久遠の実在たる神そのものであることを悟ることである。悟れば汝の全存在が光に照らされて光に変貌するのである」（一〇三〜一〇四頁）

「人間の根本妄想」を抱く原因は「人間は物質にて造られたりと云う近代科学なり」と『甘露の法雨』にあるところの「唯物的近代科学」の誤謬を打ち砕いた後に、光の言葉、真理の言葉が降り注いでいることに気づくのである。

令和五年四月吉日

谷口雅春著作編纂委員会

はしがき

本篇は知識階級の読者層の理解に資せんがために、生長の家の哲学および信仰体系の学的系統を明らかにすべく、ヘーゲルの哲学および、クリスチャン・サイエンスならびにニュー・ソートとの関係および類似点を説明し、さらに科学を批判しながら科学と宗教との関係を述べ宗教による奇跡的治癒がいかにして起こるかの理由を、クリスチャン・サイエンスの先駆者たるクインビー博士の神癒理論およびフランスのルールドの聖泉における神癒の実際について説明し、その奇跡的治癒に哲学的解明を与えんとしたものであ

はしがき　頭注版第三十五巻の「はしがき」

ヘーゲル　Georg W. F.Hegel 一七七〇～一八三一年。ドイツの哲学者。ドイツ観念論の完成者

クリスチャン・サイエンス　一八六六年にボストン市に設立されたキリスト教団体。創始者はメリー・ベーカー・エディ

ニュー・ソート　十九世紀にアメリカで興ったキリスト教の新しい潮流

クインビー博士　Phineas Parkhurst Quimby 一八〇二～一八六六年。アメリカの催眠治療家、心霊療法家。ニュー・ソートの先駆者の一人

ルールドの聖泉　フランス南西部のカトリックの巡礼地。そこで湧き出る泉によって奇蹟的治癒が起こっている。本書一三二頁よりその記述がある。「ルルド

る。生長の家には無数の新しき奇跡的治癒や運命の好転が続々あらわれているのは、その講習会に参加して、聴講生みずからが発言発表する〝体験談〟がこれを証明しているのである。本書の〝功徳篇〟にあつめられたるいろいろの〝体験談〟は本書が執筆せられた当時に開催されたるわたしたちの講習会で、聴講生みずから進んで発表した〝体験談〟を倉橋公宣君が速記したもので、その頃の講習会の実状や雰囲気を、その語調のうちに髣髴せるものがあるので、その当時のものをそのまま保存することにしたのである。最近の新しき奇跡的の「癌」の治癒の如き体験はますますその数を増加しつつあるのであるが、それは別に『私はこうして癌が治った』という書物や、生長の家の機関誌に毎号発表せられつつあるから参照せられたい。最近特に癌の死亡率が増加しその原因の究明について研究費の予算計上など、政府も懸命になっているらしいが、残念ながら物質的原因探究ばかりに力を注いでいて精神的原因の探究がおろそかにされているのは残念である。信仰

の奇蹟」として知られている

功徳篇 本全集では第五十八巻「功徳篇 宝樹華果多し」

語調 話す時の言葉の調子

髣髴 ありありと思い浮かぶこと

『私はこうして癌が治った』 昭和三十四年初版発行

探究 深くさぐって見きわめようとすること

や精神の急転回で治癒する実例がたくさん出る以上、発病原因に精神的要素があるのは当然であるのである。読者は本書を読んでその方面に心を向けられ、人類から癌はもちろんあらゆる病気の消滅に協力せられれば幸いである。

昭和四十一年五月十日

著者しるす

下化衆生篇

哲学の実践

目次

編者はしがき

はしがき

下化衆生篇　哲学の実践

第一章　生きて生活する哲学　3

一、ドイツ哲学の米国への輸入　3

二、フランシス・リーベル博士　7

三、『ヘーゲルの哲学的宗教』　10

四、ヘーゲル哲学とクリスチャン・サイエンスの接触　26

五、クインビーの神癒理論　30

六、クインビー博士の惑病同体論　43

第二章　生命の特殊性と科学精神批判　60

一、科学の成立する要件 60
二、感覚には錯誤はないか 62
三、天動説も地動説もただ観点の相異 65
四、感覚事実は錯誤に非ずして各人異る 67
五、吾々の見る世界は何か 69
六、科学主義は大まかな概算主義 74
七、マックス・プランクの量子論的立場 76
八、科学それ自身の中にある矛盾性 78
九、科学をともかくも成立せしめるには 79
十、旧 物理学の破壊 82
十一、実験者の精神エネルギーを測定に入れねば精神科学とはいえぬ 85
十二、生体実験に於ては科学の偶然性は一層 著しい 86
十三、科学的医学に於ける生体実験に於ては同一の結果が現れないのが科学的だ 90

十四、グルウィッツの発見せるミトゲン線 92
第三章 世に勝つ原理 100
第四章 実在・理念・国家・人間 148
第五章 粟粒結核も親の心で治る 170

凡例

一、本全集は、昭和四十五年～昭和四十八年にわたって刊行された愛蔵版『生命の實相』全二十巻を底本とした。本書第五十六巻は、愛蔵版第十八巻『下化衆生篇』を底本とした。

一、本文中、底本である愛蔵版とその他の各種各版の間で異同がある箇所は、頭注版、初版革表紙版、黒布表紙版等を参照しながら確定稿を定めた。

一、底本は正漢字・歴史的仮名遣いであるが、本全集は、一部例外を除き、常用漢字・現代仮名遣いに改めた。

一、現在、代名詞、接続詞、助詞等で使用する場合、ほとんど用いられない漢字は平仮名に改めた。

一、本文中、誤植の疑いがある箇所は、頭注版、初版革表紙版、黒布表紙版等各種各版を参照しながら適宜改めた。

一、本文中、語句の意味や内容に関して註釈が必要と思われる箇所は、頭注版を参照しつつ脚註として註を加えた。但し、底本の本文中に括弧で註がある場合は、例外を除き、その箇所のままとした。

一、聖書、仏典等の引用に関しては、明らかに原典と異なる箇所以外は底本のままとした。

一、頭注版『生命の實相』全四十巻が広く流布している現状に鑑み、本書の章見出し、小見出しの下の脚註部分に頭注版の同箇所の巻数・頁数を表示し、読者の便宜を図った。

一、本文と引用文との行間は、読み易さを考慮して通常よりも広くした。

一、本文中に出てくる書籍名、雑誌名はすべて二重カギに統一した。

下化衆生篇　哲学の実践

人が日人または霊人である実相を自覚することを悟りという。人は諸生から生長して次第に霊人である自覚に入るのである。モノと雖も、悉く生きているのである。無機物と雖も生きており、その分子を構成する電子は常に陽電子を中心として旋回運動をなしている。彼は単に自らが動くだけではなく、相手を識別して相手の種類に随って別々の行動をとる。即ち相反撥したり、相親和したりするのである。しかし、無機物は諸生であって、霊人ではない。諸生と霊人とはどう異るかというと、諸生は分一であり、霊人は全一であることである。人でありながら諸生である人が多いことは誠に歎かわしいことである。

分一とは個々別々の一個体としての自覚であり、全一とは個々別々に別れながらも、それが全体として一つであるという自覚である。

人はその自覚が向上するに随って、諸生である自覚から霊人である自覚に入る。

第一章　生きて生活する哲学

一、ドイツ哲学の米国への輸入

私は、本全集『生命の實相』第二十巻に於て「久遠を流るるいのち」と題して、私の「生命の実相」哲学が、何ら新興的なものではなく、久遠を流

下化衆生　仏教語。大乗の菩薩の行。下に向かってこの世の生命あるすべてを教化すること。上に向かって悟りを求める上求菩提(じょうぐぼだい)に対する語

無機物(前頁)　水や空気、鉱物など

頭注版㉟三頁

『生命の實相』　著者の主著。昭和七年一月に黒革表紙版が発行されてより各種各版が発行され、現在までに二千万部近くが発行されている

第二十巻　昭和十六年刊の黒布表紙版第二十巻「仏教篇」を指す。第三章が「久遠を流るるいのち」であったが戦後発行された新修版、愛蔵版等の二十巻本では第十四巻「久遠仏性篇」第七章に移動した。新編「生命の實相」では第四十三巻

るるいのちとしての久遠釈迦の教えの顕現であること、仏教が西漸してカント及びヘーゲル等のドイツ哲学となり、それが米国に輸入せられてエマースンの光明思想となり、続いてマーデン、トライン、ラースンその他エマースンの思想系統を引くニュー・ソート一群の思想家及びクリスチャン・サイエンス一群の実践的宗教によってあたかもキリスト教思想の新形態の如く表面は仮装されつつ（思想家自身もそれは意識していなかったが、）実はそれが仏教の米国浸潤であること、そして、その思想が更に日本に渡来したのである、こうして仏教思想は一方支那を経由して弘法・道元等により日本に輸入せられたが、他方ドイツを経由して米国哲学となり、それが、著しく実践的傾向を帯びて日本に輸入せられたのであった。しかもそれは純日本哲学とも一致するのであって、ここに一切を統一融合する地理的位置にある日本として、宗教及び哲学の綜合的融合を成就する使命を果さんがために、純日本哲学に一元化せられたる大乗仏教、大乗キリスト教と

久遠　仏教語。永遠

釈迦　紀元前四六三～前三八三年頃。仏教の始祖

仏教　紀元前五世紀頃、釈迦がインドで説いた教え

西漸　だんだんと西の方へ移り進むこと

カント　Immanuel Kant　一七二四～一八〇四年。ドイツの哲学者。「ドイツ古典主義哲学の祖」

エマースン　Ralph Waldo Emerson　一八〇三～一八八二年。アメリカの思想家、作家。主著は『自然論』『エッセー集』など

マーデン　Orison S. Marden　一八五〇～一九二四年。アメリカの思想家。「成功哲学の父」

トライン　Ralph Waldo Trine　一八六六～一九五八年。アメリカの哲学者。著者による邦訳は新選谷口雅春選集9『幸福はあなたの心で』

して、そのまま諸教を万教帰一的原理に融合せしめたものが生長の家であることを説いておいた。

私は、叙上の目的を達せんがために、実に広汎に亙って単に宗教又は哲学のみならず、近代の電子物理学、生物学、生理学、医学、等の自然科学から、心理学、催眠術、スピリチュアリズム、ヒューマン・マグネチズム、精神分析、クリスチャン・サイエンス、ニュー・ソート等々……の精神科学までも引用し、それを融合帰一しつつ日本的なる一体系にまとめたのである。世間は「生長の家」の教義を目して、学問なき一教祖のいわゆる神懸り的な根拠も典拠もなき霊的興奮の所産であるところの新興宗教と同一視する向もあるが、それは非常な誤解であるといわなければならないのである。

私はこのことについて既に古く昭和六年十二月納本の旧版革表紙『生命の實相』(本全集第十二巻参考篇第一八四頁)にその由来を明かにし「生長の家は何物をも排斥しない。それが真理ならばどこからでも採入れて一つ

ラースン Christian D.Larson　一八七四～一九四五年。アメリカの思想家。著者は大正十五年に『錬心健康術』を邦訳

浸潤　しみ込むように広がってゆくこと

弘法　空海。宝亀五年～承和二年。平安時代初期の僧。日本に真言密教をもたらした

道元　正治二～建長五年。鎌倉時代初期の禅僧。日本曹洞宗の開祖。主書に『正法眼蔵』がある

大乗　個人の悟りにとどまらず多くの人々の救いを説く教え

スピリチュアリズム　心霊主義。霊魂や霊界などを主に論ずる思想

ヒューマン・マグネチズム　人体磁気論

サイコ・アナリシス　ジークムント・フロイトが始めた人間の深層心理を扱う学問。本全集第十一巻「精神分析篇」参照

の思想体系に統一してしまうのである……科学よし、あらゆる宗教よし、医学よし、心理学よし、スピリチュアリズムよし、サイコ・アナリシスよし、ニュー・ソートよしである」といって、米国の光明思想家エマースン以下、マーデン、トライン、ホームズ、ラースン等の名を挙げておいたのである。

　ところで、マーデン及びトラインは、エマースンを明かにその著述のなかで讃美しているから、彼らはエマースンを通してカント哲学を輸入し、それを自己独特のニュー・ソートにまで発展せしめたものだということは明かである。ところがホームズの光明思想は、別の系統から、ヘーゲルの方面からドイツ哲学を直輸入したのではなかろうかと思われる。それはエマースン系を引く光明思想は「物質もある」という側に引っかかっているが、ヘーゲル系の方は「物質本来無」と完全に否定する傾向がある。そして記録によると、その頃ボストンに、カント哲学同人協会(Kantian Society)という協

神懸り　神や霊魂が人にのりうつること

典拠　文献などの、正しいよりどころ

本全集第十二巻　本書の本文中の巻数は底本である愛蔵版の巻数。本全集では第三十七巻「参考篇」一二六頁

ホームズ　ホームズ姓のアメリカの光明思想家にはヘンウィック(一八八三～一九七三)とアーネスト(一八八七～一九六〇)の兄弟がおり、共同でも単独でも活動した

会があって、そこにその当時のインテリ工業人がカント哲学を研究していたのであった。その設立者は当時政事犯で故国で圧迫されて亡命していたドイツ人フランシス・リーベル(Francis Lieber)であった。リーベル博士の論文『ヘーゲルの哲学的宗教』が、ボストンのカント哲学同人協会の書記ハイラム・クラフトに送られたのは一八六六年四月七日の日附であった。これがヘーゲルの宗教哲学がアメリカに於て、その全貌をたとい縮約的にせよ表した最初であったらしいのである。

二、フランシス・リーベル博士

フランシス・リーベル博士は一八〇〇年生れ、一八七二年歿の政治経済史学の教授であり、有名なる文筆家であった。リーベルの名は大抵の百科辞典にはその名が出ている。博士は一八二七年にボストンに来て拮据五年、

政事犯　国家の政治的秩序を侵害する罪を犯す人。政治犯。国事犯

たとい　「たとえ」に同じ

頭注版㉟五頁

拮据　一所懸命に働くこと。よくつとめること

十三巻より成るアメリカ百科辞典を編纂した。その傍、一八三〇年革命に関するフランス原書を翻訳したり、フォイエルバッハのドイツ原書を翻訳して出版したりした。一八三二年博士はニューヨークに移転し一八三五年にはサウス・カロライナ大学の歴史及び政治経済学の教授に任ぜられてコロンビア市に二十余年間を生活した。次第に博士の名声高まって一八五七年にはニューヨーク州コロンビア大学の教授となり、一八七二年十月の博士の死の時まで同大学教授であったのである。博士はボストン滞留中、同じく故国を亡命したドイツ人チャールス・フォルンと意気相投合して「カント哲学同人協会」を創設したのである。リーベル博士はボストンを去って後も「カント哲学同人協会」へ時々その研究論文を送って来た。その研究論文の一つが、先に述べた『ヘーゲルの哲学的宗教』なる論文であったのである。同協会の書記ハイラム・クラフト宛の手紙には、

エンサイクロペディア　encyclopedia

一八三〇年革命　フランスで一八三〇年七月にブルボン復古王政が倒されて立憲君主政が成立した革命

フォイエルバッハ　Ludwig Andreas Feuerbach 一八〇四～一八七二年。ドイツの唯物論哲学者。ヘーゲル学派の左派。ヘーゲル批判はマルクス、エンゲルスらに多大の影響を与えた。著作に『キリスト教の本質』『将来の哲学の根本命題』などがある

「……この原稿を筆名にて会合の席上朗読して欲しい。フォルンが小生に『クリスチャン・ヘルマン』というペンネームを附けてくれたのだ。宗教論文に私の教授としての名を公表したくないのです。それはフォルンが出版屋から注意を受けたのだ。出版屋さん達はドイツの無神論を助けるわけには行かないとフォルンに注意したのだ。ドイツ哲学は米国ではその位真価を知られていないのです。しかし数年のうちにはドイツ哲学は全世界に勝利を得るだろう。……この手紙とヘーゲル論とはあなたと私との共通の友人——君に托して送る。同君はここ数日中にドイツへ去って、もう長く米国へ来ないだろう。彼はブレメン号でドイツへ直行したいのだが、悲しいかな、直行は出来ない事情にある。それで旅費が出来れば二十五日水曜日ロイヤル・メイル会社のアジア号でボストンから出航するはずになっている。二等で六十弗だ。やっとこれが出来る精々のところだ。ルイズにもう一度会わずに行くのは悲しいといっている。もう二度と彼らは会うことは出来ない

無神論　神の存在を否定したり、不要としたりする思想

だろう。ハイバーのホームズの所で彼女を探して戴きたい。しかし、もう帰らぬ旅に往ってしまっているだろう……」（ホールシャルター氏の著書による。）

こんなわけで、リーベル博士の『ヘーゲルの哲学的宗教』なる論文がクラフトの手に届けられたのであった。リーベルが出版屋の無理解を嘲っているのは、当時ドイツのナショナリズムの運動が正統派のキリスト教会を脅威していたからである。次にリーベルの「ヘーゲル紹介論文」の一部を参考のために訳載する。

三、『ヘーゲルの哲学的宗教』

一八三八年、トーマス・カーライルは「ドイツ文学界の現状」に関する

嘲つ　境遇などをなげいて、愚痴を言うこと

訳載　翻訳して掲載すること

頭注版㉟五頁

トーマス・カーライル Thomas Carlyle 一七九五～一八八一年。イギリスの歴史家、評論家。主著は『衣服の哲学』『英雄と英雄崇拝』『過去と現在』

一文を書いた。その論文の中で彼は当時のドイツ哲学を熱烈に推讃して「これこそはその世紀中に出現したあらゆる知的業績のうちの最大なるものであり、それが全世界に及ぼす影響に到っては、彼の『宗教改革』に匹敵すべきものである」と宣言した。カントはカント以後の一切のドイツ哲学の源であるが、これについてカーライルは更にこれを賞歎して曰く「カント哲学の価値は、ひとり多数決を以てのみ決定すべきものではない。その道徳性の高さ、そのかつてなき純粋なる神学、更にそれより引出されたる人間の高貴性の発見――これらはドイツの心霊界の人々全部に著しい好影響を与えたものである」と。当時米国に影響を与えたるイギリスの文人で、朧気ながらもドイツ哲学が如何なるものなるかを知っていたのはカーライルとコルリッジの二人に過ぎない。この両者が更にドイツの哲学界を深く研鑽して往ったならば、おそらくカント以上の人を発見したかも知れない。ギリシャにソクラテス、プラトー、アリストートルの三大哲人があったように、カ

推讃　すぐれているとほめて言うこと

宗教改革　一五一七年にドイツのマルチン・ルターが九十五か条の論題を提示したことに始まるローマカトリック教会に対する改革運動。その結果プロテスタント教会が成立した

匹敵　肩を並べること

賞歎　ほめたたえること

朧気ながら　ぼんやりとして。はっきりとしていないが

コルリッジ Samuel Taylor Coleridge　一七七二～一八三四年。イギリスの詩人、批評家、哲学者。著作に『文学的自伝』等がある

ソクラテス Sokrates　紀元前四七〇頃～前三九九年。アテネの法廷での弁論は弟子プラトンによる『ソクラテスの弁明』等に記されている

ント、フィヒテ、ヘーゲルの三人はドイツの三大哲人であるのであるが、これら三大哲人の中で、否、全世界の哲学者の中でヘーゲルこそは最偉最大の哲学者であるのだ。

カントはヘーゲルに道を拓いたのであるが、カントは、その論文『純粋理性の限界内に於ける宗教』(Religion innerhalb der Grenzen der blossen Vernunft)に於て歴史上のイエスをしばらく措いて、哲学的キリスト——人間内在のキリストの上にキリスト教を見出したのであった。[1]イエスは普通の生理的過程を経てこの世に出産したのであろうと、全然歴史上の人物でなかろうと、それは問うところではない。キリスト教の精髄は人間ひとりひとりに「キリストなるもの」(Christ Ideal——久遠理念のキリスト)が宿っているということなのである。[1]神の肖像——神子なる観念、更に換言すれば「キリストなるもの」はアブラハムの生れぬ前よりあったのであって、常に今も、未来も「神聖原理」(神)と偕にあるのである。こういって、カント哲

プラトー Platon 紀元前四二七～前三四七。「ソクラテスの弁明」「饗宴」「国家」等のソクラテスを主人公とする約三〇編の対話編を著した。プラトン

アリストートル Aristoteles 紀元前三八四～前三二二年。プラトンと並ぶ古代ギリシャの哲学者。アリストテレス

フィヒテ Johann G. Fichte 一七六二～一八一四年。ドイツの哲学者。カントの実践哲学を発展させた。ナポレオン占領下のベルリンで「ドイツ国民に告ぐ」の講演を行った。著作に『全知識学の基礎』等がある

精髄 物事の一番重要なところ

アブラハム イスラエル民族の伝説上の祖。『旧約聖書』「創世記」にその生涯が記されている

学はシェリングの霊性同一哲学に近似しつつ、ドイツ哲学に一大革命的変化を与えたのであった。

(1)「人間内在のキリスト」というのは『大般涅槃経』の「一切衆生仏性あり……」に当る。カント哲学と仏教とは全然一致するのである。エマースンが米国にドイツ哲学を輸入してこの内在の神性を"Over-Soul"と名附けたのである。エマースンの哲学系統を引いてニュー・ソート、クリスチャン・サイエンス等の仏教類似のキリスト教は発生し、大乗仏教相応の地にして惟神の道の本地なる日本に、東西よりこれらの哲学が輸入され来って、ここに渾然と神仏耶三教の融合が完成して「生長の家」となったのである。(谷口註)

インマニュエル・カントは、この新しきドイツ哲学(2)によって全世界の思想革命が齎されること、あたかも天文学にコペルニカス的一大変革が来たされた如きものがあろうということを予期していたのは、彼みずからが「吾等の

シェリング F. W. Jvon Schelling　一七七五〜一八五四年。ドイツの哲学者。著作に『人間的自由の本質』等がある

『大般涅槃経』 釈尊の亡くなる直前の説法を記した経典

Over-Soul エマースンの造語。「大霊」と訳されている

惟神の道 日本古来の神の道。神道

本地 ものの本源

渾然 一つにとけ合っているさま

コペルニカス Nicolaus Copernicus 一四七三〜一五四三年。ポーランドの聖職者、天文学者。地動説を主張した。コペルニクス

位置は天文学に於てコペルニカスが天動説を地動説に置き換えたるそれの如きものである」(カントの『実践理性批判』ハルテンスタイン版第十九頁)といっているのでも明かである。

(2)「新しきドイツ哲学」と書いてあるけれども、別に新しいことはない。『古事記』以来、釈迦以来の哲学である。(谷口註)

かくの如くして、大哲学者カントは、全ドイツの宗教哲学の進むべき航路を指示する海図を作ったのであった。トレミーの誤れる天文学説が、いつまでも人間の興味を唆ることは出来ないように、人体に関する唯物論的解釈も、いつまでも人間に活潑なる興味を唆ることは出来ないのである。唯物論は実相を逆転して、物質をもって心霊に主位を与え、人間をもって宇宙の最も矛盾撞着、悩むほかなき存在としてしまったのである。真のドイツ哲学は人間の本質を魂であるとし、魂の本質を霊であるとし、霊こそ全宇宙の実質であり、唯一のその生命であるとするのである。(3)

『実践理性批判』 一七八八年成立。『純粋理性批判』『判断力批判』とともに三批判書と呼ばれる。通称『第二批判』

『古事記』 和銅五年成立。現存する我が国最古の歴史書。天武天皇が稗田阿礼に暗誦させていた帝紀・旧辞を元明天皇が太安万侶に撰録させたもの。神話から第三十三代推古天皇の御代までの歴史が記されている

トレミー Ptolemy プトレマイオスの英語名。二世紀頃のギリシャの天文・地理学者。『アルマゲスト』を著して天動説を完成させた

唯物論 世界を構成する根源はすべて物質であるとする立場

矛盾撞着 つじつまが合わないこと

（3）「神は霊にして、神こそ全ての渾て」の生長の家の所説。「全大宇宙に神つまります」即ち全大宇宙に神のみ存在すると冒頭に讃美する大祓祝詞に一致する。（谷口 註）

唯物論は、トレミーが太陽及び地球の関係に於て犯したところの過誤を、霊魂及び肉体の関係について犯したのである。トレミーは太陽は地球の従属物だと考えたのであるが、唯物論者は心霊を肉体への随伴的従属物だと考えたのである。然るに科学の発達するに従い、トレミーの天文学は既に打破されてしまったが、心霊哲学の発達するに従い、やがてこの唯物論者の過誤も打破されてしまうであろう。コペルニカスが新しき天文学を創始する迄は、天文学といえども、ただの神話的天文学に過ぎなかったのである。コペルニカスは科学的天文学の開路者であり、後期に於けるヘーゲルの宗教は、大調和の実在の法則として生命の本当の科学を指示するものであったのである。

所説　説くところ

大祓祝詞　古来となえられてきた、罪やけがれをはらい浄めるための祝詞

過誤　あやまち

随伴的　ある物事に伴って起こること

打破　打ち破ること

ゲオルク・ヴィルヘルム・フリートリッヒ・ヘーゲルはドイツの新興宗教哲学に対するコペルニカス的立場であった。誤れる科学は地球の真の運動を認めることが出来ないで、太陽が毎日地球の周囲を回転しているとしたのである。然るに、真の科学はその迷妄を覆して、天文学者に太陽こそ太陽系の中心であり、地球は太陽の周囲を自転しながら回転していることを教えたのである。コペルニカスの新発見により、科学はトレミーの地球の宇宙中心説を打破り、天文学を大調和の基礎の上に置いた。ヘーゲル及びその一派のドイツ哲学の使命は心霊の哲学を建設することによって唯物論を打破するにあるのである。

ヘーゲルを説明するまでに吾人はJ・G・フィヒテについて一言言及しなければならない。カントは一八〇四年、フィヒテは一八一四年、ヘーゲルは一八三一年に歿したのである。フィヒテはドイツの三大哲学者中の第二人目である。フィヒテの哲学への貢献は「存在の科学」の創見である。彼

迷妄　道理がわからず、迷いを真実と思い込むさま

吾人　わたくし。われわれ

創見　新しい意見。独創的な見解

にとって、キリストは神が天上より理想の人間を天降らせたる完全なる人性の典型として超越的なものであった。『人間の使命』(Die Bestimmung des Menschen)なる論文に於てフィヒテは次の如くいっている。「歴史は事実である。哲学は一層高き法則である。歴史的事実は超越的な理解によって哲学となるのである。人間のうちに『真の実在』の肖像が宿っている。人間の目に見える存在がこの『理想実在』と調和する時、すべてのものは彼にとって祥益となり福祉となるのである。完全なる真理こそ科学である。[4]科学の精髄は実在の反映である。調和に到達する唯一の道は、神と神の反映とのほかに、何ものも生活意識にのぼさないことである」と。かくしてカント及びフィヒテは、ヘーゲルに到達するための上昇階梯をなしたのである。今こそ吾等はドイツ哲学、最高階に位する大ヘーゲルについて述べねばならない。

(4)科学(Science)はこの時、現象学の意味に用いられていない。これ

人性　人間が本来持つ自然な性質

祥益　幸運なごりやく

上昇階梯　昇り階段

こそ本当の真実だという「内在の相」を指している。クリスチャン・サイエンスの「サイエンス」なる語はこの一文の用語から出たものかと思う人もあるが、後に述べるクインビーが同じ意味で「サイエンス」なる語を使っている。エディー夫人が「人間はサイエンスに於ては病気はない」などという場合「人間は科学的に観察したら病気はない」という意味ではなく、「人間はその『内在の相』に於ては病気はない」即ち、「現象的に病気に見えていても、その『内在の相』に於ては病気は無い」というような意味である。エディー夫人はこの小論文の意味を敷衍し『サイエンス・エンド・ヘルス』の大著を構成し、クリスチャン・サイエンスを創始したのであって、サイエンスなる語が「科学」という意味でなく、真理とか「実相」とかいう意味に用いられるようになったのはクインビーが最初であって、エディー夫人はその語を襲用したのである。（谷口 註）

エディー夫人 Mary Baker Eddy 一八二一〜一九一〇年。アメリカの宗教家。一八六六年にボストン市にクリスチャン・サイエンスを設立した。機関紙『クリスチャン・サイエンス・モニター』は世界的評価が高い

敷衍 言葉を加えて詳しく説明して意義を押し広めること

襲用 受け継いで用いること

ゲオルク・ヘーゲルの著作はその歿後直に（一八三一年）浩瀚なる十八冊より成る全集で出版された。不幸にして今尚(5)アメリカの読者のために翻訳されていない。この論文に於て私は彼の著作“Philosophie der Religion,”“Aesthetik,”“Wissenschaft der Logik,”“Philosophie der Geschichte”の中から抄訳してみようと思う。ヘーゲルはベルリンのスフィンクスと呼ばれている。彼の哲学を理解するには実体論を知らなければならないし、従ってまた形而上学を知らねばならないのである。

（5）今尚というのは筆者たるフランシス・リーベルがこの論文を起草した当時である。（谷口　註）

ヘーゲル哲学を理解するために必要な第一歩は「理念」というものを知らねばならない。ヘーゲルは「神」と「理念」と無しにはこの世界は崩壊するといったのである。曰く「存在するところの全ては一定の『理念』そのものである時にのみ真実在であるのである。『理念』のみ唯一の真の存在であ

浩瀚　書物の巻数、頁数が多いこと

“Philosophie…　各著作の邦題は『宗教哲学』『感性論』『論理学』『歴史哲学』

抄訳　原文の一部を抜き出して翻訳すること

スフィンクス　ギリシャ神話に登場する怪物。通行人に謎をかけた。転じて、得体の知れない怪物、謎の人物

実体論　哲学で、現象の根本にあるとされる本体を考察する学問。存在論。本体論

形而上学　現象的世界を超越した物事の根本原理を思惟（しい）や直観によって探究する学問

る。理念なるものは根本実在及び根本原理として真に存在するものである。それは感覚的存在でもなければ具体的存在でもない。しかしそれは遍在の実在である。しかも『理念』なるものは『念』によって外界に顕現しようとするのである」又曰く「理念を究極まで突きつめて行けばそれは『念』であり、霊である。霊は限りなく、また感覚に捉えられないが、普遍的でありそれみずからの活動によって存在を決定するのである。『自然』の形容外観は、『念』がその産物として創造せるものである、(6)『念』の対象たる『自然』は、その欠くべからざる実質として、『霊』を本質としたものである。『自然』は理念の創造として『念』によって造られたものである。」(Asthetik)

かようにして、ヘーゲルに拠れば人間は「念」を母体として姿を顕すところの「最高の理念」であると述べられているのである。かく人間は未だかつて生れたることも、死することもなき永遠の存在であるのである。すべての

遍在　どこにでも広くゆきわたって存在すること

普遍的　すべてに共通した

実体は、その本質を「理念」(6)とするのであり、従ってまた不滅のものである。(6)

(6)すべてこの論文に於て「理念」と称するところのものは「生長の家」に於て「実相」と称するところのものであって「神の第一念」を指す、「念」と称するところのものは「理念」を現象に顕現する動力となるところの「第二念」を指す。「神の第一念」によって「至高の理念の世界」(実相世界)が創造せられ「念」(第二念)によってそれが現象界に投影せられる。「最高の理念的存在」(実相実在)なる人間は「念」によって種々の自然的過程を経て現象界に出　生するが、人間の実体は肉体の出生した時に出生したものではない。従って、肉体の滅びた時滅するものでもない。これは『法華経』に於て釈迦が「自分は菩提樹下に坐して悟りを開き、悟りを開いて四十余年を経たような存在ではない。久遠の昔から永遠に存在するところの仏である」と説いているのに一致す

『法華経』『妙法蓮華経』の略。大乗経典中最も高遠な教えが説かれているとされる

る。エディー夫人は、その著書の四七五頁に「人間は愛の観念である、愛の肖像であって、物質的存在ではない」といっている。本全集『生命の實相』第一巻、第十章、三二六頁「『生長の家』の神人論」には仏典と相照合しつつこの「久遠人間」の思想が述べてある。私が常に「生長の家は新興宗教でも何でもない。釈尊の説教を、一切の過去の宗教、科学、哲学を包容しつつ現代人の魂を打つように表現したところの新しい表現文学である」という所以もここにある。（谷口註）

これら、神より放射されたる理念的存在は、決して混合変形するということはしないのであって、永遠にその個別的実体を止めていて、ただ方則がそれを呼び出すことによってのみ司配せられるのである。鉱物、植物、動物界のもの悉くその明瞭なる個別的実体を有しているのであって、(7)相互に一方が他方を創造したり、支配したりすることはないのである。すべては霊なる神によって創造せられ、支配せられるのである。「神」及び「彼の理

第一巻　本全集では第四巻「実相篇」下巻第十章七三頁

方則　法則に同じ

司配　支配する。コントロールする

エンチチー　entity 本質。実体

念」は最始源の真実なる全てである。人間そのものは「理念」と別に離れて存在することは出来ない。それ故に、霊と表現身と神と人とは分ちがたきものである。

（7）理念の世界（実相）に於ては、すべての存在はエーテルの如く「空」であって、個別的実体を有しないと普通の仏教者は説くのであるが、ヘーゲルの哲学に於ては理念の世界に於て、鉱物、植物、動物、悉く明瞭なる金剛不壊の個別的実体を有するのであって、それが破壊するが如く見えるのは現象的にかく見えるだけだとするので、これは『法華経』の「久遠常在の霊鷲山」説に一致し、生長の家でも個別的実体ある実相世界を肯定している。しかもこの理念の世界は一念三千、十界互具の一念も十界も超越せる世界であるのである。一念三千、十界互具の世界の形容外観は「念」がその産物として創造せるものであって、理念そのものの世界ではない。（谷口 註）

エーテル　宇宙空間にあって、光・熱・電気の波及のなかだちとなるもの。本著執筆時以降その存在を巡って紆余曲折して現在に至っている

「久遠常在の霊鷲山」　『法華経』「如来寿量品」の自我偈にある「常在霊鷲山」の五言の一句より

霊鷲山　古代インドのマガダ国の首都、王舎城の東北にあった山。釈尊が『法華経』や『無量寿経』などを説いた場所とされる

一念三千　天台宗で日常の一瞬の心に全宇宙の一切の事象が備わっているとする教え

十界互具　十界は仏界から地獄界までの、悟りの世界と迷いの世界とを十に分類したもの。十界の一つ一つが互いに十界をそなえていて百界を成しているとされる

更にヘーゲルは、"Wissenschaft der Logik"に於て「理念は肉体に於て現実となり、霊はその普遍的実体であるのである。『理念』によってのみ世界の事物の実体が存し、事物は『理念』の創化力によってのみ存在するのである。『理念実体論』は全ての宗教の源であり、存在の全ては神によって創造られ且つ支配されると宣言するのである。理念は、存在する総てのものの精髄を構成するものである。神のみ、ひとり理念と現実との大調和者であるのである」と。果して然らば、人間そのものは神なる第一原理の描ける理念であり、智性、実体、霊のイメージであり、肖像である。かるが故に死を超ゆる実体であるのである。実在の実相に於ては人間そのものは金剛不壊の存在であるのである。

ヘーゲルの弁証法に於て最も把握し難き難点は神の観念である。それは幽玄微妙難解な問題である。すべての観念の本源であるところの「神」の観念から始めよう。彼の哲学に於ては人間はその個性を没し去ることなし

創化力　形に表す力

果して然らば　本当にその通りならば

第一原理　哲学で、存在を基礎づける第一の基礎的、普遍的な原因

ライクネス　likeness

かるが故に　それゆえに。だから

金剛不壊　「金剛」はダイヤモンド。非常に堅固でどんなものにも壊されないこと

弁証法　内部の矛盾をより高い段階で統一して新しい段階に発展する方法や理論

に、存在の無限内容を意識の中に獲得することを知るのである。(8) ヘーゲルに於ては、神はただ一つであって神は霊であることを吾らは知るのである。だから、全存在界にただ神なる霊のみ存在して、悪魔又は悪霊の如きものの存在を認めないのである。実在と調和して「父」の如くにも完全であるがためには、神即ち霊を理解しなければならない。人間は小宇宙である。従ってまた神の表現身であることは真理の論理からのみならず、諸法を「実相を観る眼」によって観るとき、おのずから明かであるのである。ポープの詩の中にも、

凡ては偉大なる唯一つの全体の部分である、
自然はその表現にして、神はその霊である。

という一節がある。ここにヘーゲルは超越的光明を以て大我(神)の幽玄なる神秘を照し出すのである。

(8) ヘーゲルのこの「人間は個性を没し去ることなしに存在の無限内

ロジック　論理。議論の筋道

ポープ　Alexander Pope 一六八八～一七四四年。イギリスの詩人。ホメロスの詩の英訳も行った。作品に「愚者列伝」「人間論」等がある

ソール　soul

容を意識の中に獲得する」という思想は「生長の家」の「七つの光明宣言」の第二条にある「吾等は生命顕現の法則を無限生長の道なりと信じ、個人に宿る生命も不死なりと信ず」と偶然に合致するのである。

エディー夫人はその著書の二六五頁に「個生命は神の生命に吸収せられて、その個性を失うということは決してない」と書いていながら一〇〇頁から一〇六頁に亙って、肉体死後の個生命の存続とその霊界通信を否定し、スピリチュアリズムに反対しているのである。然るに「生長の家」ではスピリチュアリズムによる霊界通信の可能を認め、その実証により個生命の没滅を否定するのである。（谷口註）

四、ヘーゲル哲学とクリスチャン・サイエンスの接触

以上で、リーベル博士の『ヘーゲルの哲学的宗教』なる論文は半ばまで

「七つの光明宣言」 昭和五年に『生長の家』誌創刊号に発表された七ヵ条の宣言。本全集第一巻「総説篇 七つの光明宣言」参照

合致 ぴったり合うこと。一致すること

霊界通信 霊界の霊魂からの通信。霊的能力にすぐれた霊媒が仲立ちして行われる。本全集第十六〜十八巻「霊界篇」参照

没滅 滅びてなくなること

頭注版㉟一八頁

来たのであるが、あまり長くなるので、この辺で中止する。このヘーゲルの哲学が仏教特に禅宗に酷似せるものであることは既に叙述せるところだけでも明かである。ヘーゲルの哲学が、仏教特に禅宗と一致することは紀平正美博士が『無門関の研究』で述べている。クリスチャン・サイエンスは、ヘーゲル哲学をキリスト教の真理に流し込んで一体系としたものであるが、私の「生命の実相」哲学は、それを更に仏教、神道その他一切宗教の真理に流し込んで、『古事記』の古代日本精神を現代に復活して、一切宗教の真理を日本的に統一したのである。

さて、上記のヘーゲル哲学の紹介論文をリーベル博士から受取って感銘したハイラム・クラフト氏は、折も折とてエディー夫人の霊的治療の名声を聞いたのである。彼はリーベル博士の『ヘーゲルの哲学的宗教』を読んで、キリストの奇蹟的治病の原理に興味を唆られていた際であったので、エディー夫人がそういうキリストの如き奇蹟的治病を行うのであったら、その

酷似　きわめてよく似ていること

叙述　物事のありさまなどを順を追って述べること

紀平正美博士　明治七～昭和二十四年。哲学者。日本に於けるヘーゲル研究の先駆者。昭和七～十八年に国民精神文化研究所の所員を務めた。主著は『認識論』『行の哲学』など

『無門関の研究』　大正七年、岩波書店刊『無門關解釋』を指すと思われる

神道　はるか昔から伝わっている日本民族固有の信仰。「かんながらの道」

折も折とて　ちょうどその時

実際を知りたいと思って一八六六年十一月エディー夫人を招待する手紙を書いた。そこで初めてクラフトとエディー夫人との接触――従ってまたエディー夫人とリーベル博士の前記論文『ヘーゲルの哲学的宗教』との接触が始まったのであった。それは、リーベルの論文が起稿されてから約六ヵ月のちのことであった。

当時、エディー夫人の伝記者によれば、彼女は恩師クインビー博士の為さずして死せる仕事を、クインビーがこの世に為さんとして果さざりし著述を、完成したいと思っていたのだ。事実、クインビーは個人を霊的に治療することに全力を注いで、自分を使い果して死んでしまったのであった。それによって病苦を救われた個人はあっても、それは一時的の問題であり、直接に接触する少数の個人の救いになるだけであった。彼女自身はクインビーの教えによって数えられない程の利益を得たのであったが、クインビーは何らその思想の後継者を残さずに死んだのであった。エディー夫人はクイン

起稿 原稿を書き始めること

利益 神仏が与える恩恵。ごりやく

ビーから得た恩恵を思うにつけ、旧師の思想と、それについての自分の解釈を述べた一著述を公刊したいと思うのであった。その頃、あたかも彼女は天啓のようにクラフトから、ヘーゲル哲学の論文を得たのであった。

　エディー夫人（当時はパッタースン夫人といった）とクラフトは互に意気相投合した。クラフトは奇蹟の実施方法をエディー夫人に教えられたし、エディー夫人はそれをクインビーよりも一層詳細に理論づけるところの好個の参考論文を手に入れることになり、相互に利益したからである。彼女はリーベル博士のヘーゲル紹介論文を熱読したらしいのである。エディー夫人の著書の中に彼女が熱読した著作中の文句が点在するのはあり得る事である。やがて両人の間があまりに密接な関係となり、両人で相扶けて治療所を開くために夫人を離婚せんとするなどという相談が纏ったという噂迄たったので、クラフト夫人は突然家出をすべく旅装を整えた。そんなことで、ハイラム・クラフトは、クラフト夫人を懐柔する必要上、エディー夫人と

天啓　天の導き

好個　ちょうどよいこと

懐柔　うまく手なずけて自分の思う通りに従わせること

の共同の仕事を放棄して郷里イースト・スタウトンに帰って、再び製靴業に従事することになったのであるという——この実話を伝記者に語った人はクラフト夫人の兄弟であるイーラー・ホームズという人であり、リーベル博士がクラフトに送った手紙の中にもホームズの名前が見られるのであるから、私がニュー・ソートの思想家として挙げたホームズはやはり、リーベル博士の論文に触れて得たヘーゲル系統の思想を引いた一族の人ではないかと思う。

ヘーゲルの哲学を紹介したリーベル博士の論文は、一八六六年四月一日の日附がついている。

五、クインビーの神癒理論

頭注版㉟二一頁

これより先、一八六二年十月十日エディー夫人はポートランドで初めてクインビー博士に会って治療を受けた。当時一緒にクインビーの治療を受けたジュリアス・ドレッサー氏は自分の日記の中で人の肩に縋らなければ一歩も歩けなかったエディー夫人が、クインビーの霊的治療を受けて一週間後ニュー・シティ・ビルディングの七階まで、自分達と共に百八十二の階段を上ることが出来たのを目撃したと書いている。

P・P・クインビー(Phineas Parkhurst Quimby)博士は一八〇二年二月十六日、米国ニューハンプシャー州レバオン市に生れた。彼はハイラム・クラフトがリーベル博士の論文によりヘーゲル哲学を輸入した以前に、別なる経路から仏教的キリスト教なるクリスチャン・サイエンスを創始していたのである。仏教的キリスト教とは正統派のキリスト教が物質界を有りと観たててその物質界の創造神を認めているに対して、物質世界を迷妄の展開と観ること仏教の如くそしてその奥に仏教が真如又は真如より来生した仏を認める如く「普遍的叡智」又はその人格化した創造神を認めるキリスト教であ

創始　最初に始めること

真如　永遠に変わらない絶対の真理

来生　生まれて来ること

る。クリスチャン・サイエンスの始祖は公式にはメリー・ベーカー・エディー夫人だと認められているが、「クリスチャン・サイエンス」の名称もエディー夫人が「クリスチャン・サイエンス」を創始したと公称されている一八六七年以前に既にクインビー博士自身が使用していた事が後に発見されて、クリスチャン・サイエンスという名称の創始者はクインビーであるということになったのである。一八六七年はエディー夫人がリーベル博士の『ヘーゲルの哲学的宗教』なる論文を手に入れた翌年で、それまでにクインビー博士から教えられていたクリスチャン・サイエンス的神癒理論が、この論文によって哲学化され体系化される動機と材料とが与えられたのである。

　クインビーは二歳の時、家族に伴れられてメイン州ベルファスト市へ移転し、そこで二年間保育せられた。彼は貧しい鍛冶屋に生れて、七人兄妹のうちの一人だったので、全生涯のうちで僅か七週間学校教育を受けたに過ぎなかった。学校を中途で止すと、彼は時計製作所の徒弟にやられ、そこ

始祖　最初に始めた人

徒弟　住み込みで商工業の技術を学ぶ少年

で時計職の技術を身につけて後、独立して時計製作所を開業した。彼は天性精神統一力強く凝り性であったのでその技術実に精確、彼の製作所で製作する柱時計は"Quimby clock"（クインビー時計）と名づけられ時間が精確で狂わないというので一時名声を博したものであった。後、彼の機械製作の天才は時計製作だけに満足せず、近代のバンド・ソーに似た製材機械を発明したりした。クインビー時計はかくの如く世間の好評を博したが、彼のあり余る才能と進歩欲とは、そんなことで彼を満足させてはおかなかった。

一八三七年、クインビーは当時青年催眠術家にして米国に滞在していたフランス人、シャール・ポイアン氏に出会ったのが動機となり、その全生涯が方向転換を始めたのであった。シャール・ポイアン氏は、メスメル氏創始のメスメリズム（催眠術の一種で、メスメル氏自身はanimal magnetism「動物磁気」と称した）によって自分の痼疾が癒やされたのが動機となり、その熱心な唱道者となり『ニューイングランドに於けるメスメリズムの滲

天性　生まれ持った素質
精確　精密で確かなこと
バンド・ソー　薄い片刃の鋼鉄を輪状に溶接したのこぎり
メスメル氏 F.A.Mesmer 一七三四～一八一五年。オーストリアの医学者
メスメリズム　メスメルが「動物磁気」の名で提唱した催眠術の一種
痼疾　長引いてなかなか治らない病気
唱道者　率先して唱える人
ニューイングランド New England 英国からピューリタン（清教徒）が最初に入植した米国北東部の地域。メーン・ニューハンプシャー・バーモント・マサチューセッツ・ロードアイランド・コネティカットの六州
滲潤　本書四頁「浸潤」に同じ

潤』という冊子等を書いて、斯術の実験台としてミス・グリースンを伴い、氏独特の催眠術の宣伝講演をして歩いていたのであった。その実験を見て興味を感じたクインビーはシャール・ポイアン氏の講演実験会に出入してその方式を覚えたのであった。そして覚えた通りの方式で知人に施術してみると彼は容易に被術者を催眠状態に導き得たのであった。それに力を得たる彼は、次いで一般大衆の病人に呼びかけて施術し始めた。一八四〇年ベルファスト市の一新聞は次のような記事を掲げてクインビーを推称した。その記事はクインビーの容貌を想像する上に好適の材料であるから次に掲げる。

「クインビー氏は中丈以下の紳士であるが、骨相から見たる氏は円満調和せる心性の発達を示している。記者は氏ほどに精神統一力の強き人を見たことはない。炯々として人の心の底までも刺し徹すような氏の眼は随分長時間瞬きもせずに一点を見つめ得る。鋭い感じではあるが、透徹し

斯術　この術

推称　すぐれた点をほめて、人にすすめること

中丈　高くもなく低くもない身長。中背

骨相　骨格の形に現れた、その人の性質や運勢

炯々　眼などが鋭く光るさま

瞬き　まばたきをすること

透徹　筋道がはっきりと通っていて曖昧なところがないこと

た快き眼光である。」

クインビーはこの炯々たる眼光を時計製造から転じてこの新技術の上に振向けたのであった。彼はベルファスト市で得られる限りの斯術に関する文献を漁って研究した。その文献の説くところによれば、メスメリズムの施法によって病気が治るのは施術者へ電磁気的流れが通過するのであるとせられていたのであった。クインビー自身もそれを信じて、稍々ひさしきに亘ってその説を採用し、室中に鉄器、銅器その他磁気的流れを攪乱する存在を気にしていたものであった。しかし事実上、室内に鉄器があっても何らの影響を蒙らなかったので、その見解の誤まれることを知ってこの解釈を放擲し、別に理由を「心」の方面に探索しはじめたのであった。

ところが、ベルファスト市にルシャス・バークマーという奇妙な霊感的な青年があった。彼はクインビーの施法によって催眠状態に陥ると、クインビーが言葉に出さず、心のうちで唱えた暗示だけにも鋭敏に感応するので、

ひさしき　長い間

放擲　なげすてること

感応　心が感じとりそれに反応すること

公衆の前でメスメリズムを実験するには真に誂え向きの青年であった。ルシャス・バークマー青年はその催眠中に、覚醒中には全く知らぬ人々の事をいい当てたり、その人が生きているか、死んでいるか、あの船は今どこに碇泊しているかなどということを言明して、あとで調査してみると、それが全く事実に的中するのであった。そしてまたこの青年は人体透視が出来るらしく、どこの器官が健全であるとか、どこの器官が病気であるとかいって的中した。

その頃、ルシャス・バークマー青年が人体透視の能力があるというので同じく心霊術家にして、『電気心理学の哲学』（一八五四年発行）の著者なるジョン・ボビー・ロッヅ氏が、この青年を病気治療の霊媒に利用したいというので招聘方を申し出でた。ロッヅ氏はバークマー青年を催眠状態にしておいて、治療を求むる病者の病患がどこにあるかを透視せしめ、次いで霊感によって「その病気にはこの薬が好い」ということを指定せし

誂え向き　注文して作らせたように希望通りであるさま

碇泊　船がいかりを下ろしてとまること

透視　遠方の出来事や隠された物など、普通の感覚器官では知り得ないものを見ること

霊媒　日常の世界と霊の世界を媒介する特殊な能力を持った人

招聘　丁寧に礼儀を尽くして人を招くこと

病患　病気

め、ロッヅ氏はその指定された薬を処方してその薬剤を患者に売るのであった。不思議にその薬剤が効を奏したのでロッヅ氏はバークマー青年の病患透視能力及び薬剤指定の霊感力を信じていたのであった。

その後、クインビーの手許にバークマー青年は帰って来た。クインビーはロッヅ氏の真似をしてバークマー青年をして患者の病患部を透視せしめ、薬を処方せしめてみたところが、青年は何れも高価薬のみを処方する習慣になっているらしかった。クインビーは誰にも知られぬように高価薬を廉価薬と取換えて処方し、何食わぬ顔で患者に渡してみた。ところがどんな廉価薬を処方してみても患者は同じように好成績で治っていった。クインビーは到頭、その「治す力」が薬自身にあるのでもなく、霊感者にあるのでもなく、「霊感者のいう薬であるから効くに違いない」という患者自身の信念にあることを発見したのであった。

何ということだ！　病気は何等かの方式によって治るのではない。又それ

廉価薬　値段が安い薬

は薬剤によって治るのでもない。精神感応又は薬剤の暗示によって喚起された信念によって治るのではないか！　クインビーは初めてこの事を発見した。

その頃クインビー自身が不思議な腎臓病にかかって医薬ではどうしても治らなかった。或る日バークマー青年に催眠術を施してこれを透視せしめたところが、バークマー青年は「腎臓から三インチ程の長さのものが千切れて僅かに糸のような細い紐でぶら下っています。それが病気の原因です」というのであった。クインビーは心配して「治る見込はあるだろうか」と訊いてみた。催眠術中のバークマー青年は「私が治してあげましょう！　千切れた所を縫い附けてあげましょう」こういうかと思うと、突然自分の片手を腎臓部に按てた。そしてしばらくすると「もう患部は縫合されましたから、これで治りました」といった。その翌日、クインビーの腎臓病はスッカリ治っていて症候の痕跡も止めなかった。この体験がクインビーをして病気

喚起　よびおこすこと

三インチ　約七・六センチメートル。インチはヤードポンド法による長さの単位で一インチは約二・五四センチメートル

とはいよいよ心的存在であることを自覚させた。「手を按てて、人体内部の患部が縫合されたということは考えられないことである。それが治ったのは、その唯一の解釈は、霊感中のバークマー青年が『私が治してあげましょう』といったときに、私の方へ心を振向けた――その彼の心が病気を治したのではないかと思う」とクインビーは書いている。

このような自分自身の体験を彼は押し拡めて行って、病気というものは心的存在であって、客観的には実在性のないものだという結論に到達したのであった。病気が客観性のないものであるならば、何も霊感者を傭うておいて、それに催眠術をかけて病気に適する薬を処方せしむる必要などはない。彼は催眠術を放棄しバークマー青年を解雇して、薬の処方を全然廃止し、純粋に精神治療をもって立つことになった。

クインビーはその頃自分自身に霊感能力が出来ていた。遠感的に患者の病気が感じられて、患者が自身に近寄ると患者と同じ部分に当る自身の身体

遠感　テレパシー

に痛みを感じた。だから患者が来てもその患部がどこであるか症状がどうであるかは質問しないで、患者自身の感じている症状をクインビー自身がいい当て、それに対して心の間違いを指摘し、信念の間違いを説明した。「説明は治療である」というクインビー博士の標語が出来た位であった。一八五一年には一ヵ年間に三百人の患者を取扱った。一八五六年には一ヵ年間に五百人の患者を取扱った。一八五九年にはメイン州ポートランドに治療事務所を開設した。ここへ移ってからクインビーは自己の思想の体系を初めて筆にし始めたのである。周囲の情勢でついにそうしたのであった。「説明は治療である」直接対談でやっていてはハッキリと観念を把みきれない人があるので、自然周囲の人に薦められて書かざるを得なくなったのだと、彼の子息ジョージ・クインビーは、一八八六年三月号の『ニューイングランド・マガジーン』で述べている。子息のジョージ・クインビーの名が出て来たので、父クインビーを今後大クインビーと呼ぶことにし、子息の方を小クインビーと呼ぶことにする。

詳しくいえば、ポートランドの治療所開設当時の初期の患者の中に米国最高法院判事故アシャー・ウェーア氏の娘ウェーア夫人という人がいた。夫人は大クインビーの思想に甚だしく興味を惹いたが、あまりにもその思想が斬新すぎるのでその全てを把みきれないから、その思想を体系づけて書いて欲しいと要求したのである。

それから大クインビーは暇ある毎に彼独特の思想を書き綴った。その稿本は今、小クインビーの手許にある。大クインビーは、その稿本をウェーア夫人に先ず渡した。ウェーア夫人がそれを朗読すると、大クインビーはそれを聞いていて、この句を、この文章を、こう直してくれといった。それに筆を入れる役目はウェーア夫人又は小クインビーであった。訂正すると又、大クインビーに読んで聞かせる――。こういうようにして彼の思想は稿本に纏められた。一字一句といえども大クインビー自身の許可なしには訂正を加え

斬新　きわだって新しいさま。目新しいさま

稿本　下書き。草稿

朗読　高らかに声をあげて読むこと

られなかった。時々重複した一節や、二重になる句があって注意を促すと、「その言葉は真理の言葉だ。真理の言葉はいくら重複して出ても差支ない」と大クインビーは放言した。この点で彼は善き言葉の重複の力を知っていたものらしい。

大クインビーの稿本は患者の病気に応ずる為の実際目的として書きおろされたものであって決して系統だったものではなかった。そして連絡のない一節一節が断片的に輯録してあるのであった。第一の稿本は“Volume I”(巻一)又は“Christ or Science”(クライスト・オア・サイエンス)と名附けられて、彼の宗教思想が主として纏められており、他の一冊は『問と答』という題で患者から提出された質問に対する十五章の回答が纏めてあった。そのほかに大クインビーの死後、彼の他の遺稿が数氏によってまとめられた。それらは『五官の世界』『病と癒し』『神と人』『宗教上の諸問題』『サイエンス・ライフ・デス』などという題示で輯録せられたが、いずれ

輯録　あつめて記録すること

遺稿　発表されないまま死後に残された原稿

五官　外界の事物を感じ取る五つの感覚器官。目・耳・鼻・舌・皮膚

も人と宇宙とに関する論文ではあったが、そう系統だったものではない。

六、クインビー博士の惑病同体論

大クインビーの論文を貫く思想は「全ての病気は心的存在である」ということであり、行文はこの信念を容易に受容れ得ない人の為に、如何に説いたら判るだろうかという論理の糸で縫うてあった。病は心的存在だということに対する第一の最もあり触れた質問は、現在でもそうであるように「病気というものや、その症状を考えたこともない子供がどうして病気にかかるか」ということであった。大クインビーは「それは子供の潜在意識が周囲の人々の精神波動によって暗示を受け、その病的観念を同化して知らず識らず自分のものとしているのだ」と、その稿本の中で答えている。彼は、近代の応用心理学説中最も注目すべき一学説にまで到達したのであったが、

頭注版㉟二九頁

惑病同体論　心の惑いと病気とは一つであること

行文　文章を書き進める時の語句や文字の使い方

潜在意識　人間の意識のうち、自覚を伴わないが心の奥底に潜んでいる意識。全意識の九五パーセントを占め、人間の行動のほとんどはこの影響を受けているとされる。本全集第十一巻「精神分析篇」参照

精神波動　一人の精神の状態が周囲に伝わる現象

同化　異なる考え方に感化されて同調すること

それ以上心理学的に突き抜けて行くことをしなかった。彼はそこで心理学的説明から宗教的解釈の方に外れて往った。彼は、心を、左の通りの二つに別けたのだった。——

妄心(mind)——現在意識、潜在意識及び五官を含む「肉なる人間」の心。

叡智(intelligence)——内観力及び直観力を含む霊なる人間の心。

こう彼は心を二つに分類して、五官は迷妄を語るものであって、「肉なる人間」は五官の惑わしによって、有りもしないものを有ると信じ、間違った「信念」「見解」「知識」(クインビーはこの三語を混用している)を得る。その間違った信念、見解、知識の顕れが病気というものだと書いている。ところが「霊なる人間」の有する叡智は、遠感、透視等時空を超越し、五官の妨げを貫いて本当の智慧(wisdom)に到達し、そんな病気などという不完全なものはこの世に無いものだと知る。この「人間と実在との本当の相についての正しき認識の学」を大クインビーは"Truth"又は"Science"

内観　心理学で、自分の体験や意識などを自ら観察すること
直観　心の眼で物事の本質を直接にとらえること

又は"Christian Science"（クリスチャン・サイエンス）と呼んだのであった。彼こそ米国に於ける仏教的空思想の最初の鍵の発見者であるのであり、エディー夫人は、彼の患者たる頃彼の稿本を読ましてもらい、大クインビーの死後、大クインビーから譲られた学説を更に純化しキリスト教聖書を詳しく解明したのである。ここに、エディー夫人はクリスチャン・サイエンスの最初の鍵の発見者であるというよりも、むしろ仏教哲学とドイツのヘーゲル哲学とキリスト教哲学とを神癒の実際に当てはめて解明し、惑病同体、実相一元の仏教的キリスト教を組織した最初の段階の完成者であるといい得るのである。

それはさて措き、ここに大クインビー博士（ここから博士の称号を奉っても好いであろう）は期せずして深き仏教的真理に到達したのであった。博士が「五官は迷いを語る」といった時に、彼は五蘊皆空を半ば悟っていたのであった。仏教聖典がどこにでも得られる吾々日本人が五蘊皆空色即是空、

純化　まじりけを除いて純粋なものにすること。醇化

キリスト教聖書　『旧約聖書』と『新約聖書』

解明　不明な事物を調べてはっきりさせること

期せずして　思いがけず

五蘊皆空　「五蘊」はすべての存在を構成する五つの要素である「色受想行識」。それらがみな実体がなく空である意

色即是空　『般若心経』にある言葉。すべての形あるものは仮のものであり本当はないということ

惑病同体(これは明治の初年傑僧原坦山が『首楞厳経』を典拠として、病気は惑障にありとて耳根円通法という坐禅的健康法を創始した)の鍵に触れるが如きは誰にも容易な事であるが、米国人であって、しかも学的教養なき彼の如きがこの鍵を得たのは、おそらく内的叡智の囁きによったのであろう。彼の手記の断片によれば、彼は一種の霊感を有っていたのであり、その霊感の内的啓示に導かれて五蘊皆空を悟った他に、「神のみ実在である」ということを知り、そして「肉なる人間」に宿る「霊なる人間」を通して、神の普遍的智慧が輝き出でると悟ったのである。かれは、『大般涅槃経』にある「一切衆生仏性有り」「大信心は仏性なり」を悟っていたようでもある。しかし、彼の伝記者はいう、この時大クインビー博士は、多くの哲学的思索家が出会すように左の如き客観的唯心論と主観的唯心論との十字路に逢着したのであった、と。

(一)物質は全然は非実在ではないのであって、心の世界に描かれた観念の

傑僧　学識や修行に特にすぐれた僧侶

原坦山　文政二〜明治二十五年。曹洞宗の僧、仏教学者。儒学や医術を修めた後に出家。東京大学印度哲学科講師として『大乗起信論』を講義した。学士院会員。曹洞宗大学林総監。著書に『心識論』などがある

『首楞厳経』「大仏頂如来密因修証了義諸菩薩万行首楞厳経」の略。修禅・耳根円通などについて禅法の要義が説かれている

耳根円通法　原坦山と原田玄龍が発見、実証して木原鬼仏が一般公開したとされる、煩悩や病因を排除する身心解脱の修行法

啓示　真理を人間にあらわし示すこと

逢着　行き着くこと

具象化ではあるが、その具象化されて生じたる物質は物質として客観性を主張し得るものである。（客観的唯心論）

（二）物質は全然非実在である。それは幻の如き鏡中の像の如き架空的存在であって、神及び神より放射せる霊的観念のみが唯一の実在である。（主観的唯心論）

もし、吾々が唯心論を採用して物質はその根元が唯心的に発生したものであると認めるにしても、かくして既に発生したる物質は確固たる実在性を主張し得るものであると認める客観的唯心論を採用するならば、例えば癌組織の如きは、その根元が心の滞りによって発生したものであるとするにしても、既に発生してしまった癌組織に対しては物質を以て対抗しなければならない事になり、かくの如き態度では純粋なるメンタル・サイエンス(mental science)は成立ち得ないのである。純粋なるメンタル・サイエンスを成立ち得させる為には、吾等は『維摩経』にある通り「諸法は妄見な

具象化　形になってあらわれること

『維摩経』　大乗経典。在家信者の維摩詰と釈迦の弟子・文殊菩薩との問答形式。本全集第五十・五十一巻「宗教戯曲篇」中・下巻「釈迦と維摩詰」参照

妄見　迷いから生じた間違った考え

り、夢の如く、水中の月の如く、鏡中の像の如し、妄想を以て生ず」としなければならないのである。大クインビー博士は生来の時計技術者としての性向から、ややもすれば客観的物質の存在性に引附けられようとした痕跡が種々の稿本中で認められるが、稍々躊躇の末到頭彼は主観的唯心論を断然採用し、物質は全然非存在であって、「水中の月の如く、鏡中の像の如く妄想より生ずる」ものであるとした。博士はその稿本の一つの中に、次の如く書いている。――

「物質は心によってどんな形にでも変形し得るところの単なる観念的存在であり、それを変形する生命力というものは、物質より来らず、物質以外のところから来る。キリストはこの真理の正覚に到達せるWisdom(覚体)であった。」

生来　生まれつき
性向　性質の傾向
躊躇　決心がつかずにためらうこと
正覚　真理を体得した悟り
覚体　ありのままの本性。そのもの自身

　この大クインビーの言葉は非常に面白い。というのは仏教で仏陀というのは「知るもの」「覚るもの」ということであるが、英語では仏陀の発音そのままを写してBuddhaと書いているが、意味をとって書けば、仏陀は当にthe Wisdomとしなければならない。大クインビーは“Christ was the Wisdom that know……”と文章を続けたので、「キリストは仏陀であった」と書いたことになっている。「キリストは仏陀であった」と大胆率直に彼は明言したのであった。（大クインビーの稿本『問と答』第一七六頁）彼は又稿本『キリスト又はサイエンス』の二二三頁にこう書いている。

「いわゆる純粋に物質として存在していると考えられている如き、そんなものは存在しないのである……かくの如きことを知るならば、五官の心は迷妄(error)であり、物質は唯彼の信念であることを悟るであろう。信念が変化すれば『物質』即ち『念の具象化』(オピニオン)が変化する。それにつ

仏陀　釈迦の尊称

れて一種の化学変化が起る時、迷妄の心即ち『念の具象化』は破壊され、『真理』即ち『サイエンス』に置き換る。この時『サイエンス』は迷妄の上に、物質の上に超出し、心というものが勝手気儘に間違った信念を表現していたものだということを照し出してくれるのである。人もしこれを知れば『死』は『真理』の腹中に葬り去られ、世界は喜びに変貌して、唯そこには真理が暁の警鐘を撞く、曰く——人間は彼みずからの装いの造り主であって、信念に従ってどんな装いでもつけることが出来るものである。」

この大クインビー博士の文章はエディー夫人の著書『真理と健康』中に見出される意味と全く等しい。その用語やフレーズさえも酷似しているのである。信念の変化に従って物質に化学変化が起ることを指して、エディー夫人はケミカライゼーションと称したのであるが、ここに念と物質とは同じきものの楯の両面であるということを示しているのである。

超出　とび出して抜け出ること

警鐘　合図の鐘

ケミカライゼーション chemicalization 自壊作用。物事が好転する前に一時的に事態が悪化する現象。エディ夫人が「心機一転の化学的反応」と名付けたもの。本全集第三巻「実相篇」中巻等参照

大クインビー博士は当時の正統派のキリスト教――神を地上の専制君主の如く人間に罰を与えたり祈りによって左右されたりするものだというような信仰――を信ずる事は出来なかったものらしい。彼は『宗教上の諸問題』という論文の中で「自分の宗教は行為の中にあって信仰の中にはない」と書いている。しかし、彼はたしかに実在の底に横たわる「至聖なるもの」を信じ、たしかに敬虔に普遍的真理というものに敬礼し、「愛」の行為によってこの普遍的真理と交り得るとしていたのである。彼の稿本によれば、彼はいわゆるキリスト教というものを受け容れなかったが、キリストそのもの、仏陀としてのキリストを受け容れていたのであった。彼は人間としてのイエスと、普遍的真理の体現としてのキリストとを区別していた。しかし彼は、宗教的理論としてはそう深く入らなかった。彼の稿本は処々にまだ矛盾が混入していた。「生命」は物質とは全然別なるものであると書いたところがあるかと思えば、「地球の創造の際、地球より立騰った霧のような眼

至聖　この上なくとうといさま
敬虔　うやまいつつしむ気持ちの深いさま

に見えない雰囲気が生命となったのだ」などと不徹底なことを書いたところもあって、尚、その宗教的思索の未完成と唯物論の残渣を示しているのであった。

それはともかく、大クインビー博士の本領とするところは宗教的体系を作るということではなくて彼自身がいったように彼の「宗教とは行為することであった」のである。彼は面倒な宗教的思索を言葉で語るよりも、巧みに色々の図解を示して患者たちに病気の無いことを理解させようとして成功していた。これは患者の信念を視覚によって導こうとする方法であった。ところが患者は視覚よりももっと具体的な接触によって導かれることを喜ぶ傾向があった。それで彼は、時に応じて手をチョイと患者の頭に触れたり、腹に触れたり、又時には患者次第で別の方法も採用したりした。彼は要するに患者の苦痛を除去れば好いのであった。苦痛だけを治してもらおうとして来る患者の一人一人に人間の本当の観方を教えるということは彼にとって到底

残渣　残りかす

本領　その人の備えているすぐれた才能や特質。得意とするところ

不可能のことであった。そして多くの人々が彼に触れられ、彼の精神治療を受けて治って往った。

一八五七年ニューイングランドの諸新聞紙は大クインビー博士の精神治療の驚くべき成績と学説とについて筆を揃えて書き始めた。その新聞記事の一つに触れたのが、パッタースン夫人(後のメリー・ベーカー・エディー夫人)であった。

一八六二年十月十日、はじめてクインビー博士の霊的治療を受けたパッタースン夫人(エディー夫人)は同年十一月七日『ポートランド速報』に長文の通信を送って、その恢復の速かであった事実を述べた上で、みずからクインビーの思想及び治療を批評して次の如く言っている。

「これはスピリチュアリズムだとは思われない。『神を信ぜよ、また我をわが行う業によりて信ぜよ』という聖句が真実であるとすれば、今や彼(クイ

「神を信ぜよ、…」『新約聖書』「ヨハネ伝」第十四章にあるイエスの言葉

ンビー）の業は、神の智慧の表現であるといわねばならない……彼が病気を治すのは動物磁気によるのであろうか、自分はそれを考えてみたいと思う。私はこれまでも電磁気治療も動物磁気治療も受けてみた。そしてしばらくの期間は快方に赴いたが、それはこれによって疲労せる器官に平衡が恢復したという自分の想像、又は術者の精神統一力の感応による一時的現象であったのであって、いつも、私の全ての病気がまた逆戻りして来ないことてはなかったのである。それは世人の意見が自分を捲込んでいた迷いから自分が完全に救い出されないからである。今迄自分が治療を受けた術者は心と独立して病気の自主的存在を認めていたのだ。だから彼らは『主』よりも賢くなれなかったのである。しかし今や私は朧気ながら先ず、しかし、遅い歩調ではあるが、クインビー博士の信仰及び仕事の底に横たわる大なる真理を知ることが出来たのである。そして、その真理を正しく知るに従って私の病気は恢復したのである。物質に生命ありとする迷と、本来物質にない

平衡　つり合いがとれていること。均衡

はずの苦痛をありとする迷に反対するクインビー所説の真理を、充分理解して受容れたならば、人体の組織の流れを変化してその生理作用を正常ならしめ、人体機構の不調整が調整されてしまうのである。これは実証の得られるところの科学であることは、自己の治療過程に理性的判断を下し得る患者には明かなことである。クインビーが患者の心に打建て得るところの真理が患者を治すのである。(或はそれは彼に意識的には自覚されないことがあるにしても)そして光に満たされたる身体には最早病気はない。現在は、私はまだこの真理を明瞭に解説するには、あまりに迷が多いようである。ただ私は今、調和の実相に目覚めしむる『主』の手に導くキー・ノートに触れ得るだけである……。」

この速かなる治癒の後、エディー夫人は一八六四年再び軽微の症状を呈したのでクインビーを訪れたのであった。その時、クインビーの閑散なる時

キー・ノート　中心となる考え。基調

閑散　仕事がなく暇なさま

を利用して親しくクインビーから指導を受けた。その時エディー夫人はクインビーの霊的治療の基礎をなしている二綴の稿本『クライスト・オア・サイエンス』と『問答』を他の患者達と共に筆記したのであった。このクインビーの稿本の中には、ヘーゲル哲学の「物質無」の思想が既に明かに盛られている。それは一八六六年四月リーベルが、ヘーゲル紹介の論文を書いた二年前であったから、クインビーは別途に或は全然自己の創意から、ヘーゲルの思想に到達していたのである。

尚、伝記者によれば、その稿本に記載されたるクインビー博士の神学は第二世紀のグノースチシズムの如くキリスト人間説を排斥して「キリストなるもの」を哲学的に肯定せんとしていたのである。換言すれば「人間イエス」(Human Personality of Jesus Christ)と「キリストなる精髄」(Christ Essence)とを区別せんとしたのであって、この同じ事柄をリーベルのヘーゲル紹介文に於ては「キリストなるもの」(Christ Ideal)と書いているので

創意　独創的な考え。新しい工夫

グノースチシズム　gnosticism　グノーシス主義。一～四世紀に広まった思想運動。人間は自らの神性の自覚的認識を通して救済されると説く

ある。リーベル博士の『ヘーゲル哲学』の論文がクインビーから教えられた神癒の真理と全く符節を合したがために、ここに端なくもリーベルの『ヘーゲル哲学』が機縁となってエディー夫人が旧師クインビーの為さんとして為す能わざりし人類相手の仕事――著述によって人類に真理を知らしむる仕事が、クリスチャン・サイエンスの名の下に成就するようになったのである。

エディー夫人はかくの如くしてヘーゲルの哲学の宗教化を完成したのであるが、その著述の中に一語もヘーゲルの名を述べなかった。夫人の主著『真理と健康』がドイツ訳として出版せられたのは一九一二年のことであった。それまでは一無学の婦人の神懸り的所産であると想像されていたその著の各所に散見する真理は、ドイツ哲学史上錚々たるヘーゲルの思想であった。かくの如くしてクリスチャン・サイエンスの原典はヘーゲルの哲学であるということが学会で認められることになったのである。ヘーゲルの哲

符節を合す　二つの事柄がぴったり合うこと

端なくも　思いがけなくも。はからずも

機縁　きっかけ。縁

錚々たる　多くのものの中で傑出しているさま

原典　引用や翻訳、改作等をした元の書物や文献

学と仏教との一致(これは紀平正美博士が書いている)を経とし、カント及びヘーゲルの哲学とキリスト教との融合を緯とし、それに純日本哲学と、仏耶両教とを完全に融合せるものが生長の家の「生命の実相」の哲学であるのである。今その哲学は、人類の間に肉体となって生活しつつあるのである。私は、戯曲「耶蘇伝」の中で、その哲学が人間の悩みの間を歩いて病を癒やし、祝福を齎しつつあることをイエスの科白を以ていわしめている。

「私はメシヤであるか、何であるか知らない、君の見たところ目撃したところを先生のヨハネにいうが好い、迷える霊は浄められ、舞踏病は治り、漁師は魚の山に乗り上げ、跛は真直に歩き、硬直した膝は柔かくなった事実を見たと。」

その「耶蘇伝」を読んでその通りやってみて熊本の竹下義夫氏は知人の舞踏病を治した。喧々囂々たる批評よりも、先ず光明思想普及会発行『實相體驗集成』の大冊に載っている事実を、この哲学が人生にどんなに活きて

経　縦糸

緯　横糸

「耶蘇伝」　昭和十一年刊『釈迦・維摩・耶蘇』に収録された戯曲。同十二年三月に上演された。昭和二十七年に新修版『生命の實相』全集に収録され、同二十八年に『イエスは十字架にかからず』の題でも出版された。本全集では第四十九・五十巻「宗教戯曲篇」上・中巻

「私はメシヤで…」　本全集第四十九巻「宗教戯曲篇」上巻第三幕第四場八七頁参照

メシヤ　Messiah　ヘブライ語で聖油を注がれた者の意。ユダヤ民族を解放するものとして待望された救世主。『新約聖書』では、イエス・キリストを指す

舞踏病　自分の意思に反して手足や顔が動く症状を呈する疾患

いるか、どんなに人（ひと）を生かしているかの事実を見て戴（いただ）きたいのである。

竹下義夫氏　舞踏病を治した体験談は光明思想普及会刊、昭和十一年発行『釋迦・維摩・耶蘇』巻末および昭和十二年発行『實相體驗集成』第一輯七六二頁に収録

喧々囂々　多くの人が口々にやかましく騒ぎ立てるさま

光明思想普及会　昭和九年十一月に著者が設立した出版社。設立時の顧問は著者、社長は宮崎喜久雄。ここで最初の『生命の實相』全集（黒布表紙版）が発行され、月刊誌『生長の家』も引き継がれた

『實相體驗集成』『生長の家』誌や『生命の實相』によって病気が治ったり生活が光明化したりした信徒の体験談集。昭和十二年に第一輯、同十三年第二輯を発行。第三輯、第四輯は校正刷りを作成したが未刊

第二章　生命の特殊性と科学精神批判

頭注版㉟四一頁

一、科学の成立する要件

頭注版㉟四一頁

科学は、(一)事実の蒐集と、(二)その分類及び綜合と、(三)そのいずれにも当て嵌るところの仮説(又は理論)の設定とによって成立っているのであ

蒐集　ある品物や資料などを色々と集めること

る。しかし一体、「事実」とは何であろうか。「事実」は如何にして蒐集し得るだろうかということになれば、吾々は一体「事実」を知っているであろうかということが問題になる。

吾々が普通、事実と称するところのものは、感覚によって覚知したるところのものである。無論、測定機械によって感知する方法もあるが、測定機械にあらわれたる表示を感知するのは感覚によるほかはない。

そこで科学の取扱う「事実」とは感覚的事実であって、客観的なものそのものでないことは勿論である。では感覚的事実とは如何なる「事実」であるかというと、吾人の感覚という心的体験そのものである。ものそのものは如何にあるかは知るを得ないにしても、吾人にかくの如き感覚が起っているということは直接体験の第一次的事実である。その感覚が如何にして起るかという解釈は観点の相異であり、意味づけの相異であるが、現に自分にかくの如き感覚が起っているということは「事実」である。この「事実」は

覚知　悟り知ること。認知すること

かくの如き事実が現象としてそこに存在するということの直接的主張であり、実験的科学はこれを唯一の解釈及び法則発見の支点として出発せざるを得ないのである。

二、感覚には錯誤はないか

感覚には錯誤があるということが称えられるが、それは他の感覚的事実との比較上、それが一致しない場合に、そして一方の感覚的事実のみを正しいと解釈する（解釈するのであって必ずしもそうではない）場合、他の感覚的事実を虚妄又は錯誤だと解釈するのであるが、その解釈が事実であるかどうかは不明なのである。

例えば水を入れたコップの中に箸を入れて外部から視覚によって感覚する場合、その箸が水面のところから屈折して折れたように見えようとも、その

頭注版㉟四二頁

錯誤 間違うこと。誤り

虚妄 うそいつわり

箸そのものは折れていないが故に感覚には錯誤があって、客観的事実を語らないという人があるかも知れぬが、それは触覚やその他の方法の測定による覚知を正しいと判断して、それとの比較上、箸が水面から折れたように見えることの方を視覚による錯誤だと判断するのである。しかし、よくよく考えれば、光学上、光波は屈折しているのであって、箸そのものは如何にともあれ、箸の形態に感光すべきところの波が折れていることは事実であり、これは吾人の感覚器官のみならず、写真機械にても折れたように撮影されるのである。

そこで触覚や、定規や、その他の測定機によって覚知し得る箸そのものの折れていないことも事実であり、何等の主観を交えざる写真機械に折れて映ることによって、箸より発する光波が光学上、錯誤でなしに折れていることも事実である。然るに、触覚は折れていないと主張し、視覚は折れていると主張するが、その場合そのいずれも正しいのであって、ただ触覚に触れる

光波　波動としての光

感覚器官　身体の表面にあって、外界の刺激を感じとる器官

波と視覚に触れる波とは、一つの箸そのものを波動の根源として発する二様の波動のうちの一方だけを捉えて主張しているだけであって、本当は二つとも正しいのである。水中の箸は触覚には真直に体験され、視覚には折れて体験される。この点に於てヘレン・ケラーが触覚によって日本の桜を握って「ああ美しい」といったのは、視覚には折れている箸を触覚が真直に感じたと同様に視覚に桜色の花が、触覚に軟かく感じて、その柔かさを「ああ美しい」と形容しているのだとすれば、ヘレン・ケラーの住む世界は吾々の住む世界とは随分異う。水中の箸も定規を当てて測定すれば真直であり、写真機で測定すれば折れているのである。一つのものが、異る測定機に対しては折れており、同時に真直なのである。これは機械的測定に於ても、用うる機械によって変化を起すのであるから、感覚の錯誤ではない。どちらも正しいのであって、相異が起るのは、これは観点の相異であり、スタンド・ポイントの相異に過ぎないのである。

ヘレン・ケラー Helen A. Keller 一八八〇～一九六八年。米国の著述家、社会福祉事業家。盲聾唖の三重苦を家庭教師サリヴァンの指導で克服して盲聾唖者の教育や社会福祉事業に貢献した。三度来日した。著書に『わたしの生涯』等がある

日本の桜 ヘレン・ケラーは初来日の際、昭和十二年四月十六日に新宿御苑で開催された観桜会に出席して昭和天皇に拝謁した

スタンド・ポイント standpoint 観点。立脚点

三、天動説も地動説もただ観点の相異

　西暦二世紀時代の天文学者トレミーは天動地静説を唱えて、「地球は宇宙の静止せる中心であって、その周囲を太陽及び多くの天体が運行するのだ」といったが、十六世紀に至ってコペルニカスの地動説が唱えられ、「太陽は太陽系統の中心であり、地球は太陽を中心に回転せるところの、粟粒ほどの小天体に過ぎない」との説を樹てた。そして現今では小学の生徒すら天動説を信ずるものなく、地動説を信じているのである。しかしこれは観点の相異であり、スタンド・ポイントの相異であって、地球運行の絶対速度などというものは測定し得るものではないのである。吾々が測定し得るのはただ相対速度のみであって地球を静止しているとして、その立場から計算しても計算し得るのである。ただコペルニカス的立場から観察し、測定し、計

頭注版㉟四四頁

天動説　地球は宇宙の中心に静止して、他のすべての天体が地球の周りを回っているという説

地動説　地球が自転しながら太陽の周りを公転しているという説。アリスタルコスやコペルニクスなどが唱えた

算すれば、その実際的応用が簡単便宜に行われ得るというに過ぎないのである。コペルニカスの地動説はものそのものの実相の発見ではなく、人間に利用するに便宜なる観点の発見に過ぎないのである。試みに、太陽系統を中心にして地球その他の遊星が自働装置の動力で自働的に運行するような「天象儀」を製作し置き、その天象儀の地球の部分だけを固定して、天象儀の台は勿論その他の部分の総てを宙に浮かしてこの「天象儀」の自働装置を廻して自働せしめたならば、地球が静止している中心となったまま、他の天体が複雑なる運行の仕方で地球の周囲を運行し、その相対的関係は以前と同様にして変らないことを認めるであろう。かくの如くして、地動説も天動説も要するに観点の相異であって、地動説の優れるは他との相関関係上、法則発見の上より一層簡単であることで、天象儀の地球を中心として固定して回転しても、太陽を中心として回転しても、相互関係は同一なのであることが判る。或る立場からは地球が運行するように覚知され、或る立場

遊星　恒星の周りを回る天体。太陽系では、太陽の周りを楕円軌道を描きながら運行する八個の天体。水星・金星・地球・火星・木星・土星・天王星・海王星。惑星ともいう

天象儀　ドームの内側の丸天井に星空を投影して見せる天文教育用装置。プラネタリウム

からは太陽が地球の周囲を運行するように覚知されるのであって、どちらも正しいのであって、表現が変って来るのは立場の相異から来る相対関係の変移にすぎないのである。

四、感覚事実は錯誤に非ずして各人異る

かくの如くして科学の基礎となるべき、感覚は勿論、測定機械さえも、その相対関係に於て、各々異る表示であらわすのであるから、科学というものは決して普遍的な絶対事実を表示し得るものではなく、相対的な現象事実を表示するに過ぎない。現象事実とは現象としての体験報告であって、Aなる立場からは相対上かく観じられる――換言すれば、Aなる立場からは感覚器官面にかく「心的振動事実を起す」というに過ぎないのである。測定機さえも観点の相異や相対的関係の変移から、事実の異る表示を示し

頭注版㉟四五頁

変移　他の状態に次第に移り変わること

て、もののそのものを表示することが出来ないとすれば、吾人の感覚に上る事実の表示は、ヘレン・ケラーと吾人との感覚による事実の相異を実例を挙げるまでもなく、各人異る表示をあらわしているはずである。各人は各々異る心の波の上に外界の波動を感じて、外界の客観的事象が全然同一であるにしてもAなる人とBなる人との感覚的器官面に於ける表示としての振動は異るのである。そこでA者とB者との体験事実は厳密にいえば人数のあるだけの数悉く異るはずである。人の感覚的器官面に於ける振動（感覚）は人自身の感覚器官の振動と、外界から感受される振動との複合と、それを心的表象に翻訳する心の表象能力とで成立っているのであるから、そして人は悉く心が異り、感覚器官を構成する肉体の状態も厳密にいえば悉く異っているのであるから、外界から感覚器官に到達する振動がたとい同一であろうとも、人の感覚器官面に於ける振動（感覚）は悉く異るべきはずである。もし果して然らば、科学は学としての普遍妥当性成立の根拠を失ってし

表象　外面に現れた姿や形。象徴

普遍妥当性　ある事柄が、いつでも誰にでも有効であること

まうのである。

五、吾々の見る世界は何か

著しい実例を引用するけれども、向島にある東製氷会社の技師長今関壽雄氏が『生命の實相』を読み、私の直接指導を受けて心境一変して銀座へタクシーを飛ばして来るや、その時まで何十年間色盲であって、何十年来銀座街頭に見るネオンサインも、一様に黒ずんだ美しくない光であったのが、その時突然五彩の渦巻く燦爛たる美しきネオンサインの光景を見て、自己の色盲が治ったことを自覚した事実を私は別著『伸びる力』に書いておいた。これは私が今関壽雄氏から直接その体験談をきいたところであるが、客観界に存在するネオンサインは今関氏の色盲が治る以前も治ってから後も同じような類似の五彩の燦爛たる光を放っていたのである。然るに今関氏の

頭注版㉟四七頁

向島　東京都墨田区の地名。旧東京市の区名

色盲　先天性の色覚異常の旧称。すべての色、またはある色の識別が困難な症状

ネオンサイン　neon sign　ネオン管に封入したガスの発光による広告や装飾、看板などを指す。近年はLED看板が広く用いられるようになった

五彩　青、黄、赤、白、黒の五色(ごしき)。また、多くの色

燦爛　光り輝いて美しいさま

『伸びる力』　昭和十三年、光明思想普及会刊。上記の今関氏の体験談は同書一二三頁「環境も肉体も心の影」に掲載

色盲が治る以前は、そういう五彩の感覚が起らないで、単純な黒っぽい光の感覚のみが感じられていたのである。しかしながら色盲が治る以前の今関氏の感覚は錯誤であって、色盲が治ってからの今関氏の感覚だけが事実であるかというと決してそうではないのである。色盲当時に今関氏が感じた単純色も、かく感覚器官面に起った波動として事実であり、色盲治癒後に今関氏が感じた複雑五彩を呈する色も、かく感覚器官面に起った波動として事実である。それは水中に挿入した箸が写真機械には折れて映るから光学上折れていることも事実であり、箸に触覚的に定規を当てて検すれば真直であるから折れていないのも事実であるのにも似ている。色盲時と、色盲治癒後とに於て経験される感覚の相異は、感覚器官面の波動事実そのものが変化を来したのであって、色盲であってさえも、その見える事実は決して感覚の錯誤ではないのである。

このように、感覚は感受者の感覚器官面に起る波動を基礎として表現されるものであるから感覚事実は——これのみが科学の材料として蒐集される事実である——厳密にいえば、各人各々異るのである。各人各々感覚器官面に起る波動事実が異るとするならば、事実を蒐集しても、これを分類綜合して法則を発見するという科学の第二、第三の機能を達し得るだろうか、甚だ疑問であるといわねばならない。

更に写真の感光板に於ける状態を例に引いていえば、クローム級の感光板は赤色に感光しないで赤色も黒く写る。全整色級の感光板は赤色にも感光してその赤色が明るく写るのである。そうすると、クローム級の感光板は色盲であって、感光に錯誤を起しているのであるかというと決してそうではないのである。クローム乾板に塗布されている感光剤に於ては赤色では化学変化が起らないのは科学的事実であり錯誤ではない。全整色級感光板の感光剤が赤色によって化学的変化を起すのも化学的事実である。赤色に感光すると、感光しないとはその写真乾板が感覚の錯誤を起しているのでは

感光版　板状の感光材料。写真乾板、製版用湿板、フィルムなど

クローム　chrome　銀白色の金属元素の一つ。様々な金属製品にめっきを施して光沢や腐食防止効果などをもたらす

パンクロ　panchromatic film　全整色性フィルム。肉眼で見るのと同じような明暗に感光する写真フィルム

なく、乾板表面の感光剤に起る波動事実の相異であって、どちらも同じ程度に於て存在しているのである。

昭和十年八月の事、当時双葉高等女学校の二年生川村よし子嬢が『甘露の法雨』を誦んだのち、左右、五度と四度との仮性近視が治ったのは有名な話である。『甘露の法雨』は『生命の實相』の中に収録されている自由詩であるが、時々こんな驚異的現象が起るので、人称して「聖経」と呼んでいるのであるが、そんな事は今私が話そうとする事ではない。ただ川村よし子嬢が左右、五度と四度との強烈な近眼が治ってしまった後に同嬢の感覚面に起った外界の認識に如何なる変化が起ったかが問題なのである。近眼の治った翌日は明治天皇祭の日であったので、多くの美しい花火が空中に打ち上げられた。川村嬢は近眼鏡なしで初めて空中の花火が見えるようになったのだが、四度と五度との近眼鏡をかけて見ていた頃には花火というものは直径一尺位の小さいものに見えていた。ところが近眼鏡なしに見た花火は

双葉高等女学校　明治四十年に開校した高等女学校。現在は学校法人雙葉学園

『甘露の法雨』　昭和五年に著者が霊感によって一気に書き上げた五〇五行に及ぶ長詩。『甘露の法雨』の読誦により、今日に至るまで無数の奇蹟が現出している

仮性近視　長時間本を読んだり、細かな作業をしたりして、一時的に近視のようになる状態

明治天皇祭　明治天皇の崩御された七月三十日に宮中三殿の皇霊殿及び陵所に於て行われる祭祀。明治天皇は第一二二代天皇。嘉永五～明治四十五年。特に明治大帝、明治聖帝と称される

花火　上記の川村嬢は代々木練兵場から打ち上げられた花火を見た。本全集第三十六巻「経典篇」下巻一三八頁参照

直径二メートルも三メートルもある素晴しく大きなものに見えた。その日は好晴で海岸に出掛けて往ったが強度の近眼鏡をかけて見ていた空は、どんな晴天の日でも、ただ白っぽく見えるばかりであったのが近眼鏡なしに見る碧空は紺碧の美しさを湛えていた。その時同行した叔母さんに「叔母さん、空って美しい藍色なんですねえ?」と川村よし子嬢は感歎したのである。この話は川村よし子嬢を眼の前に置いてその叔母さんなる人が話した体験談であるから虚偽はない。そこで私が考えてみたいのは近眼が治るとか治らぬとかの問題ではない。川村嬢が近眼の時に見ていた小さな花火は錯覚であったろうか、美しい青空が白く見えていたのは錯覚であったろうかということである。そして、近眼治癒後に起った感覚(大きく美しく見える花火や、紺碧の美しい碧空や)の方が果して正しい感覚事実であろうかということである。私にいわせれば近眼の時に見た小さな花火も白い空も、それを感知した時の同嬢の感覚器官面に於ける波動的存在の事実であって錯覚では

一尺　尺貫法の長さの単位。約三〇・三センチメートル

好晴　空がよく晴れ渡っていること

紺碧　藍がかった濃い青色

体験談　昭和十年十月発行『生命の教育』第三号に写真入りで掲載され、後に『生命の實相』に収録された治癒者による座談会での発表。本全集第三十六巻「経典篇」下巻参照

ないのである。近眼治癒後に感じられた大きな花火も紺碧の空も、又その時に同嬢の感覚器官面に起った波動的存在として事実なのである。それを後者の方のみを正しい感覚と見るのは、大多数の人類と同じように感ずる方を正しいと解釈するところの立場から見るからであって、盲人にとってはこの世界に光線がないのは（換言すれば彼の感覚器官面に光線と感じられる波動が起らないのは）事実であって錯覚ではないのである。

六、科学主義は大まかな概算主義

こうなって来るといよいよ面倒である。各人の肉体組織（感覚器官を構成する物理化学的存在）の微妙な相異に従って、すべての人の感覚はその程度は微妙であるにしても、百万人は百万人ながら異るように感ずるのであって、その感じはすべて錯覚でも幻覚でもなくて、その人その人に於ける感覚

頭注版㉟五〇頁

概算　おおよその計算

器官面に於ける波動的事実であるとすれば、百万人が一つの「ものそのもの」を百万様に感じても、孰れも感覚の錯誤というわけには行かないのであって、それぞれ、その人その人に於ては直接体験されている波動事実である。その波動事実のうちの、一つを正しいと見、他を迷妄であり、錯覚であると観るのは、そうした場合に、大づかみ的に、多くの事実を蒐集して分類綜合し、その間の法則を引出す上に便宜だという「科学的立場」からいわれるのである。かく考えてくるときには、科学的立場というものは、常に大づかみ的な便宜主義の分類綜合による法則の発見であって、決して確実な法則を吾々に提供するものではないことが判るのである。科学は大づかみな「大体似ているから他の場合もそうだろう」の仮定の上に立脚するのだ。科学主義なるものはこの意味に於て、一人の体験（感覚的事実）が万人に普遍妥当なものであろうとの仮定に基く大づかみ主義に過ぎないのである。この大づかみな科学主義は旧物理学の時代には、破綻をあらわさなかったが、

孰れ　どれ。どちら

その測定機構が精密になって量子物理学が出現するに及んで、科学の因果法則は常に然るのではなく、ただ大づかみにそうなるのであって、一つの原因から数種の結果が起ることがたしかめられ、その数種の結果のうち、どれが起るかはただ偶発的にそうなるのであるというので、因果法則の偶然性ということが唱えられるに到ったのである。

吾々は、赤い花を見て「赤い」と感ずるが、その「赤い」と感ずる程度が、自己に於ける如く他の人に於ても同様であるということは主張することが出来ない。ただ自己も他人と同様であろうと一纏めにした推定の上に於て生活すれば、生活上便宜であるというだけである。科学は実は便宜主義の上に立脚していることも出来るのである。

七、マックス・プランクの量子論的立場

量子物理学　微視的な世界の物理現象を扱う量子力学を基礎として物理現象を研究する学問分野の総称

因果法則　原因結果の法則

然る　そうである

偶発的　予想もできずに起こるさま

頭注版㉟五二頁

マックス・プランク　Max Planck 一八五八〜一九四七年。ドイツの理論物理学者。量子仮説を提唱して量子論への道を開いた。一九一八年ノーベル物理学賞受賞

これについてはマックス・プランクもこういっている。
「……踏みつけられた虫は身体をくねり曲げる。それを人は見得る。しかしながらその際、虫が痛みを感ずるかと疑問を出すのは意味がない。何となれば、吾々自身の痛みだけが感ぜられるのであって、動物の痛覚が存在するとせられるのは、そうするのがぴくぴくすること、くねり曲ること声を出すことなどの種々特徴的随伴現象——吾々の自身の痛覚によって惹き起されるのと同じ随伴現象——を都合よく一纏めにするからである」と。

そうだ、科学は、都合よく一纏めにする上からのみ事実の蒐集と分類綜合及びそれからの法則の抽出が成立つところの、御都合主義の大ざっぱな一まとめ主義に過ぎないのである。吾々が赤い花を「赤く」感じている如く、他の人もそれを「赤く」感じているということは、赤い色を見たときに起す他の人の表示（記号、言語、表情、態度）によって、前述の「虫のくねり」による類推と同じ程度に類推するだけであって、その表示されたる記号

何となれば　なぜならば

抽出　多くの中から特定のものを抜き出すこと

の内容が蓋然的に同一であるということをただ推定するのであって「全然は同一でない」という方が本当なのである。ヘレン・ケラーが触覚で桜の花を見て美しいと感歎するのと、吾人が眼で見て桜の花を美しいと感歎するのと「美しい」と彼女の語るその「表示の記号」が同様であっても、その「表示の記号」が示す内容は全然別なものである。普通人と普通人との感覚内容はそれほどの差はないかも知れぬが、「全然は同一ではない」のは真理でなければならない。何故なら、その外界よりの波の衝撃を受けて感覚として感知される波動が起る感覚器官面は、全人類は一人ずつ生理的に全然は同一成分で成立っていないからである。

八、科学それ自身の中にある矛盾性

頭注版㉟五三頁

そこで厳密にいえば、科学は、それが推定を交えない事実のみを取扱う

蓋然的　ある程度確実であるさま

ためには、自己一個の感覚的体験の叙述だけを積み立てて行く、一人の体験事実の集積以上に一歩も出ることは出来ないのである。「我れはかく感じる、汝と彼とに於ては、その然るか否かを知らず」――これのみが本当にいえば、事実に忠実なる科学的態度である。何故なら、自身の体験のみが推定を交えざる第一次的直接の体験であるからである。

しかし、一個の人各々の別々の感覚体験の記録――それを何らの共通性のない事実であるとして取扱うとき、分類と綜合とそれから抽出される法則性が成立たず、科学が真に科学的であろうとするとき科学は成立しないという自己矛盾に陥るのである。

九、科学をともかくも成立せしめるには

そこで科学は、科学的事実のみに忠実であるために、科学それ自身を放擲

集積　集まって積もること

頭注版㉟五四頁

するか、科学を曲りなりにも構成するために、事実のみに忠実なる立場を捨てて自分以外の他の人も同じように感覚するであろうという大ざっぱな推定的「ひとまとめ主義」を採用するか、いずれかを選ばなければならないのである。

実際上、現在の科学はこの大ざっぱな「ひとまとめ主義」を採用してともかくも科学なるものを成立せしめて来たのである。最近の電子物理学や、量子物理学に於ける実験は全世界のうちのただの数人または十数人が或る特殊の測定機にあらわれる表示によって実験したところの感覚事実の上に成立っているのであって、全世界の残余の人間が、また別の測定機にあらわれる表示によって実験すれば、別の「表示」をあらわすかも知れないのである。それは測定機械及び測定者に対する相対的表示であって、ものそのものの表示ではないからである。

しかし、科学は一人の人間が或る条件にて結果を得た表示は、他の人間

残余　残り。余り

が類似の測定条件（「類似の」と私が強いていうのは同一の測定条件というものは二度造ることが出来ない。空気の成分、緯度的関係、実験者より立ち騰る実体不明確の雰囲気……等の関係から、厳密にいえば二度と同じ測定条件を造ることは出来ないからである）に於て実験すれば同一の表示を結果するだろうとの仮定の下に成立せしめられるのである。そして、他の人も同じ（実は同じではあり得ないが）条件の下には同じように感ずるのであるとの仮定の下に、他の実験者の口頭又は書類による実験報告を基礎として多くの実験報告の分類綜合による相互連関から、他の場合にも当て嵌め得る一種の法則性を引出そうとする。そして他の場合にも当て嵌め得る法則性が見出されたとき、曩に措いた仮定を正しいとして結論しようとするのである。

緯度　地球の表面を測る、赤道に平行な座標。赤道を零度として南北九〇度ずつに分けて示す

十、旧物理学の破壊

大づかみな科学的体験に於ては類似の実験条件に於ては同一の表示を結果するのであったが、新物理学、特にプランクの導き出した量子説から出発せる因果律的物理学を革命せる新物理学によれば実験が精緻になればなる程、類似の実験条件の下に於ても必ずしも同一の表示を得ないことが明かになったのである。即ち旧物理学の因果律によればAなる実験条件には必ずBが続起すべきものと認められていたのであるが、同一条件の下に於ても或る場合にはB′、B″、B‴等の如き異る結果が続起することもある事が確かめられ、Aなる実験条件の下にBが続起するということは唯、蓋然的であると認められるようになったのである。ラザフォード等の諸物理学者によって発表せられたところによれば、ラジウムの原子が時を経て鉛となるか、

頭注版㉟五五頁

因果律　すべての出来事は必ずある原因によって起こり、原因がなくては何事も起こらないという原理

精緻　くわしく細かいこと。精密なこと

ラザフォード Ernest R.E.Rutherford 一八七一～一九三七年。イギリスの物理学者。各種放射線の性質を研究して原子崩壊の法則を確立した。一九〇八年ノーベル化学賞受賞。原子核物理学の父とよばれ、第一〇四番の元素ラザホージウム(Rf)に名を残す

ラジウム　放射性元素の一つ。キュリー夫妻によってウラン鉱石から発見された

鉛　青白色の軟らかい金属。融点が低く、とかして加工しやすい

ヘリウムの原子に分解し去るかは、全く偶然的運命の手に委ねられていることが発見せられた。無論Aなる同一の実験条件とは称するけれども、前述の通り同一の実験条件なるものは事実上二つあり得ないから、「A」なる同一の実験条件だと思われていたものも、実はA′又はA″、A‴等の如き異る実験条件であるに相違ないのである。もしそうであるならば、同一と思わるる実験条件も、悉くすべて異る実験条件であるから、大まかな、「ひとまとめ」的な旧物理学乃至旧科学ならばいざ知らず、精緻を極めた新物理学や精密科学に於ては一見同一と認め得る実験条件（原因）の下に於ても異る結果を惹起すことも不思議ではないのである。否、むしろ、それは当然であるのである。

そこに於てハイゼンベルクは旧物理学とは正反対に、「自然は精確を嫌う」という「不確定性原理」を導き出したのである。例えば「電子が宇宙の或る点にあることを知ろうとすれば、その運動の速度を精確に決定することは

ヘリウム helium 原子番号二。希ガス元素の一つ。化学的に安定しており化合物をつくらない

エキザクト・サイエンス exact science

ハイゼンベルク 一九〇一～一九七六年。ドイツの理論物理学者。量子力学の創始者。一九三二年ノーベル物理学賞受賞

不確定性原理 一九二七年にハイゼンベルクが提唱した量子力学の基礎的原理。位置と運動量、時間とエネルギー等、互いに関係のある物理量を同時に正確に定めることは不可能であること

出来ず、又その運動速度を測ればその空間的位置を知ることが出来ないことが判ったのである。乃ち光を以てその位置を確めれば電子はこれに影響せられて運動するので、位置が判れば速度が判らず、速度が判れば位置が不明である」かくの如くして結局は、科学的実験は精密には何ものも不決定にしか知り得ないものであることが判ったというのである。決定した一定結果を得たと見えるのは、ただ「大づかみに」概算的に因果関係を観る場合にのみであるから、同一なる実験条件と思えるものの上に実験せられているときには、測定機にかからないような不可知の原因が蓄積されていて、その蓄積の飽和状態が破れて、突然新しい状態が結果して実験者を驚かすことがあるかも知れないのである。私は「測定機にかからないような不可知の原因」の中には実験者の精神エネルギーというようなものも考慮に入れておきたいと思う。

飽和　含み得る最大限度まで達すること

十一、実験者の精神エネルギーを測定に入れねば精神科学とはいえぬ

頭注版㉟五七頁

一九三〇年フランスのナンシー大学の物理学教授ブロンドロ博士はN輻射線を発見して、当時諸物理学者に色々と研究せられ、その後も同一と考えられる実験条件を与えて、同一のN輻射線を再現せしめ得ようとしてブロンドロ博士及びその弟子達によって実験せられたけれども、ついにN輻射線は何人もこれを再現せしめ得なかったのである。そしてN輻射線はいつの間にか学界から忘れ去られた。しかしブロンドロ博士の如き信頼すべき物理学者が、ただN輻射線の夢を幻に見たのだとはいい得ないのである。同一と考えられる実験条件も、事実厳密にいうならば、すべて異る実験条件であるのであるから、同一の結果を来して常にN輻射線を出すなどということの

ブロンドロ博士　Prosper-René Blondlot　一八四九～一九三〇年。フランスの物理学者

N輻射線　「輻射線」は物体から放出される電磁波。赤外線、可視光線、紫外線、X線、γ線など。「N輻射線」はブロンドロ博士が故郷ナンシーにちなんで命名した独特の輻射線の呼称。他の研究者の追試では再現できなかった

方が却って不合理ではないのだろうか。そこで、新しき科学の尖端を行く新物理学は、同一の結果を常に出さない事の方が合理的であり、同一の結果を導き出したと見える場合は「大づかみにそう見えるのであって」観察が精緻でない場合に、概算的にいわれるものであるといわねばならぬ。そこで、因果関係の測定の上に成立つ物理学が、もし因果関係が精確に測定し得るならば、それは却って不合理であるというような矛盾を来すのである。科学はかくの如く精密になればなるほど、「大づかみな」概算性を脱すれば脱するほど、実験毎に異る結果を来す方が合理的であるという自己矛盾的なそれ自身を発見するであろう。

十二、生体実験に於ては科学の偶然性は一層著しい

頭注版㉟五九頁

生体に於ける実験に比ぶれば非常に確実性と精確性とを備えている物理学

に於てさえも、その実験が精緻になればなる程、同一と思われる物質的条件に於ても、おそらく覚知し得ない精神的要素その他が加わるが故に、一回毎に不確定的結果が起る方が合理的であると観らるる時代に、生体を取扱う医者が一定の薬剤又は一定の栄養剤に対して、必ず一定の反応が起るとでもいうような「大づかみ」な仮定の下に一定の薬剤を投与したり一定の栄養剤を推奨するのは、医学は新物理学よりも非常にその発達が遅れているといわなければならないのである。かつて大阪医大の片瀬淡教授が、家兎を砂糖過剰の食餌で飼育した実際に於て、砂糖過剰の食餌で飼育した家兎は、アチドーチスの症状を呈して骨軟化を来し、骨質は軽石状を呈するという事実報告を発表したに対して、東京の栄養研究所の藤巻博士は、類似の条件の下に於て砂糖過剰の食餌を供給して飼育した家兎が決してアチドーチスの症状を呈せず、骨質の軟化を来さず、ただあまりに砂糖分多き食餌は家兎がこれを厭うて充分量食せざるために目方が減弱するという事実報

推奨　すぐれた点をほめてすすめること

大阪医大　明治十三年、大阪府立大阪医学校として設立され、大正八年に大阪医科大学、昭和六年に大阪帝国大学となる。現在の大阪大学医学部

片瀬淡教授　明治十七～昭和二十三年。病理学者

家兎　飼いうさぎ

アチドーチス　血液の反応が正常よりもアルカリ性の少ない状態

軽石　溶岩が急速に冷えてできた岩石。軽くて水に浮く

栄養研究所　大正三年、佐伯矩が開設。大正九年に内務省栄養研究所に発展。現在の独立行政法人国立健康・栄養研究所の前身

目方　秤(はかり)で量った重さ

告を発表したに止るのである。片瀬教授の実験の場合に於て家兎の骨軟化を来したのも事実であるが、藤巻博士の実験の場合に於て家兎の骨軟化を来さなかったのも事実であるのである。どちらか一方が事実を錯覚したり虚偽を発表したのであるという事は、それが良心的な高名な学者の発表であるが故にあり得ないと思う。すると、この実験は「砂糖過剰の食餌で家兎を養う」という「大づかみ」的な条件に於ては同一条件ではあるが、その飼養の実際を微細に見る時、両者の実験条件は必ずや甚だ異るところがあったのではないかと思われるのである。第一、実験者が一方が片瀬教授であり、他方が藤巻博士であるということ――それが既に実験条件の相異ではないか。もし新物理学的に微細に亙って、両博士の身辺に立ち騰る雰囲気の放射線の相異について詳しく比較研究することがあるならば両博士の身体から出る放射線の相異というようなことも一つの考慮に入るべきであって、或る工場に於ても従業員を光明思想で精神訓練した結果、製出され

飼養 動物に飼料を与えて育てること

製出 製造して産出すること

る鋼鉄発条の弾力と強靱性とが著しく増加した実例もある。同一の薬剤でも、一方の医師から与えられればよく効くし、他方の医師から与えられれば効かぬ例は幾らもある。これはその医師それぞれの患者の心をキャッチする上手下手による暗示の応用心理学的効果にもよるのであろうが、測定機にかからぬ人体の放射線などの性質や分量の相異をも考慮に入れなければならない。

精神電流的反射（Psychogalvanisches Phänomen）と呼ばれる現象がやや古くから実験心理学に於て認められている。これは実験者の身体に不分極電導子で電流を通じておいて、実験者の身体に精神感動を起させると、皮膚の電圧に変化を起すのである。この電圧の変化は、ガルヴァノメーターという検流計で測定してその強弱を表示し得るのである。この人体の電気現象は冨山房の『国民百科辞典』にも出ている程に周知の事実なのである。ここまで判って来ると、実験者たる人間は、単なる観測者として、その

発条　渦巻形のばね

不分極電導子　刺激生理学などの実験で金属の電極を用いて神経や筋肉に電気刺激を与える時に生じる正負の電極分解を防ぐようにした電極

ガルヴァノメーター　galvanometer　検流計。十八世紀のイタリアの解剖・生理学者ガルヴァーニが発明した

検流計　微小な電流や電圧、電気量を検出する計器

『国民百科辞典』　全十五巻。明治四十一年、冨山房刊

実験条件に何等の影響をも与えざる第三者とはいうことは出来なくて、実験条件を攪乱するところの一個の帯電物体であり、しかもその帯電物体の電圧は実験者自身の精神感動によって刻々変化し得るものであることになる。そうすれば、大まかな測定を許さない精密なる実験になるに従い、実験者自身の帯電物質としての干渉が一層明瞭に加わってくるので、同一条件と思わるる条件の下に於て、多くの異る結果が偶発的に起るということも当然といわなければならないのである。

ともかく、医学はここまで観察し、すべての条件を綿密に取入れて考察しなければ科学というに堪えないことは当然であるのである。

攪乱　かき乱すこと
帯電物体　電気を帯びた物体

十三、科学的医学に於ける生体実験に於ては同一の結果が現れないのが科学的だ

頭注版㉟六一頁

人体に不思議な帯電現象の変化が起り、放射線が放射せられるということが判明し、人間が実験者である場合には、それは第三者として無関係にいるのではなく、一個の別々の実験条件として存在することが判明するならば、片瀬教授と藤巻博士が、いくら同一と思われる条件の下に実験しても両博士が同一の精神電気状態にならない限り同一の結果をあらわすことはないであろう。又同一の結果が顕れないのが合理的であり、科学的に正しいということになるのである。しかも医学は同一の薬剤又は同一の栄養供給によって万人に普遍的な因果関係があるであろうという仮定の下に出発せる学であるが故に、普遍的結果が顕れないのが科学的に正しいということになれば医学は科学的に正しいためには薬剤の効果が常に同一に臨床的に顕れないことを主張しなければならないし、薬剤の効果が常に同一普遍でないならば、薬剤の効果が万人に普遍的な因果関係があるとして現在応用されつつある医学の建前を破壊しなければならないであろう。ここに医学はそ

臨床　病人を実際に診察して治療すること

の実験条件が精密になればなる程却って自己撞着に苦しむということになるのである。だから薬剤の効果は「大づかみ」的に概算的に因果関係を指示し得るだけであって、すべての患者の場合に普遍的な因果関係を指示することが出来ないのである。だから同一の薬剤を投与しても甲の患者は快方に赴き、乙の患者は却って悪化して行く。——それは未だ測定し得ないところの不可知的な要素がもっとあって、それがまだ看過されているからである。

十四、グルウィツの発見せるミトゲン線

一九三〇年の頃ロシアの生理学者グルウィッツ博士は人体から放射されるところの一種の輻射線を発見し、これにミトゲン線という名称を附した。同氏は「人体のあらゆる部分から、肉眼では見ることの出来ない、ある種の輻射線が発散され、そしてこの輻射線は人間のエネルギーと非常な相関関係が

自己撞着　自分の発言が前後で食い違い、つじつまが合わないこと

頭注版㉟六三頁

グルウィツ　Aleksandr Gurvich　一八七四～一九五四年。帝政ロシア・ソビエト連邦時代の生理学者。モスクワ大学教授

ミトゲン線　細胞分裂の頻度を著しく高めると想像された放射線

相関関係　一方が変化すれば他方も変化するような密接な関係

ある」といっているのである。グルウィッツ氏がこの輻射線を発見した最初の動機は玉葱二個を上下にして重ねて置けば、上部玉葱からの或る放射線の影響を受けて下の方の玉葱の細胞分裂が活潑になるという実験によってであったが、それが人間からも放射する輻射線であることが発見され、同一の輻射線が人体のあらゆる部分から発散せしめられ、殊に眼からの放射量は多く、唾液、汗、血液等からも多く発散するが、癌腫肉腫の患者の血液を実験しては、このミトゲン線は放射されていないので、或はミトゲン線の放射を用いたら癌腫などを治癒せしめ得るだろうかというので、その門下生等は研究中であるということが新聞紙で報ぜられていた。

かつて京都大学の石川日出鶴丸博士と慶応大学の某博士とが蟇の神経伝導速度の減衰不減衰について別々の実験結果を表示して一大論戦をしたことがあり、またかつて北里伝染病研究所所員井出正典医学士は千葉医大の実験を反駁し鼠の体内では赤痢や腸チフス菌は消化され糞尿の中にはこれら

癌腫　悪性の腫瘍

肉腫　筋肉内にできる腫れもの。癌とともに代表的な悪性腫瘍

石川日出鶴丸博士　明治十一～昭和二十二年。生理学者

慶応大学　ここでは明治六年設立の慶應義塾医学所に始まる慶應医科大学を指すと思われる。昭和二十七年に新制の慶應義塾大学医学部となった

減衰　次第に減ったり衰えたりすること

北里伝染病研究所　大正十四年に北里柴三郎が設立した北里研究所を指すと思われる

反駁　他人の意見に反論すること

赤痢　赤痢菌によって起こる急性消化器系伝染病

腸チフス菌　高熱や腸出血などの症状を呈する腸チフスの病原菌。経口感染する

伝染病菌は発見出来ないと発表したのに対して、千葉医大では同大学の名誉にかけて研究を続けた結果、チフスや赤痢菌は鼠の体内では増殖して糞尿に生菌として出て来る事を証明し得たのみならず、更に一歩進んで赤痢菌は腸管にのみ現存せず、鼠の実験から見て血行で運ばれ糞尿にも排泄されるという事を発見したといって、北研説を反駁したこともある。

医学者が、かかる場合、互に反対実験結果を挙げた他の医学者を反駁することは愚かなることであるのである。それは実験する医者が異り、従って実験の条件（実験係員の雰囲気又はミトゲン線の放射量、又は人体の帯電量その他の微妙な条件を含む）が異るのである。実験条件が異れば異る結果が顕れて来るのは理の当然であって、却って異る結果があらわれる方が精密科学的なのである。医学が科学であり得るためには、自分の実験室で行った実験結果が、他の実験室で別の係員の手で行った実験と同一の結果が起るべきであるというような普遍妥当性を要求するところの仮定的迷妄を捨

生菌　生きている細菌

現存　実際に存在すること

北研説　北里伝染病研究所の所員井出正典医学士が発表した説。菌が消化されるとの説

てなければならないのである。科学が本当に科学であり、精確にそこに起っている現象を捉え得るようになるならば、過去から蓄積されたるエネルギーの相関影響の関係から一つとして同一空間的位置に同一の条件が起る事はないのであるから、況んや異る実験室に於て同一の条件が別の時間に起ったりするはずはないのであるから、実験の精密度を加えるに従って、科学的実験は悉く相異する結果を導き出すことになるべきである。かく各々異る実験結果を引出すのが本当の科学なのである。石川博士も、慶大の某博士も北研も千葉医大も、相手を論駁することは要らないのである。「ただ自分の実験室ではかくかくの結果を得た。君の実験室ではかくかくの結果であったか。そうかそうか」と互にいえば好いのである。ここに今迄普遍妥当性ある因果関係を発見して、それを人生に応用すべく要求し来った科学は、事物の因果関係には普遍妥当性なるものが精確には存在し得ないものであることを発見し、ただ「大づかみ」的に概算的に普遍妥当と見ゆる法則を見出し

況んや　まして

論駁　相手の説の誤りを論じて攻撃すること

てそれを人生に応用する「概括科学」で満足するか、普遍妥当性の要求をみずから放棄して、一回の実験毎に、異る特殊の実験結果を齎すところの真の精密科学となるかしなければならぬのである。今や科学はその発見せる因果関係の普遍妥当性の要求を捨てて或は奇蹟と見えたり、或は除外例と見えるような特殊な事実をも、それを当然として認めなければ精密なる科学であるという資格がないというようになっているのである。ここに私は科学の崩壊と更生の道とを発見するのである。

（附記）ちょうどこの原稿の校正が来ているとき、五月二十九日（昭和十三年）の『大阪毎日新聞』第十一面に次の事実が報道されている。単に実験台上で定められた通りのウソをいうだけの精神的動揺にても人体の電気現象に変化を起して測定機に表示されるのである。果して然らば、故意に人を偽り、或は怨み憎むなどの場合には異常な精神動揺であるから人体

更生　生まれかわること

の電気的流れに異常な変化を起し、健康に影響するのは当然である。ここに於て「生長の家」に於て『生命の實相』を読み、心に悟りを得て平和の境地に達すれば病気が治るというのも科学的な事実であるはずである。大毎記者はいう——

「嘘つき看破機」が発表された。どんな嘘つきの名人でもこの看破機の科学的実験によれば苦もなく見破られるという正に「うそクラブ」の大敵である。この「嘘つき看破機」は早大文学部心理学教室の内田勇三郎、戸川行男両氏らの研究になるもので三十一日午後七時から三十分間同研究室からの嘘つき看破の実験をＡＫから中継放送するが、二十八日午後のテストはなかなか鮮かなものであった。——

「嘘つき看破機」とは被実験者を絶縁した椅子に腰をかけさせ片手の二本の指の間に極く弱い電流を通じてこれを電流を測定する機械につなぎ被実験者に「君はカンニングをしたことがあるか？」とか、ま

早大　早稲田大学。明治十五年に大隈重信が東京専門学校として創設。明治三十五年、早稲田大学に改称。昭和二十四年に新制大学となった

内田勇三郎　明治二十七～昭和四十一年。心理学者、心理検査開発者。内田クレペリン検査を開発した

戸川行男　明治三十六～平成四年。臨床心理学者。臨床心理学を日本に導入した

AK　ＪＯＡＫ。ＮＨＫ東京第一放送のコールサイン

絶縁　電流や熱などが流れないようにすること

た「酒を飲むか？」「煙草を吸うか？」とかいろいろな質問を発し、被実験者の心理的動揺、つまりハッと胸にこたえた精神状態が二本の指を通じて測定機に達しそれが鏡から反射して光線となって動く、この動きの大小によって被実験者の心理を測定、嘘を看破するというのである。三十一日のＡＫ中継放送には、更にこれを音に変化し震動の大小によってこれを現すはず。この研究は同大学心理学教室で数年前から人体電気現象と精神あるいは性格との関係の研究を続けていた結果遂に内田、戸川両氏によって成功を見るに到ったもの。一九三五年米国のレオナルド・キーラー氏が研究したキーラー・ポリグラフ——嘘つき発見機——は被実験者の呼吸、血圧、脈搏などの変化によってその心理状態を測定したもので内田、戸川両氏の研究とは全く方法を異にしたものである。内田、戸川両氏は同機の完成によって将来さらに犯罪捜査被告人の訊問などにもいよいよ実験した

訊問 取り調べを行う者が被疑者などに口頭で質問すること

いと大いに意気込んでいる。二十八日テストを終った内田、戸川両氏は語る。われわれは特別な精神の変化が電気現象に現れるだろうと信じて研究を進めた結果どうやらうまくいったのです。実は米国のキーラー・ポリグラフの実験もわれわれと同じものかと思っていたのが全然異った方法だということがわかりました。将来これが如何に実際に応用されるかは興味ある問題です。（東京発）

人体を流れる電流の性質が嘘で気がとがめる程の軽微のショックで影響を受けるとすれば、精神の激烈な高揚や、人生観の根本変化で病気が起ったり治ったりすることなどは当然の科学的真理だといわねばならないのである。

気がとがめる　後ろめたい感じがする

軽微　わずかであること

激烈　非常にはげしいこと

高揚　精神や士気などが高まること

第三章　世に勝つ原理

頭注版㉟六八頁

○

神の絶対無限力を信じないものは、神を瀆すものである。神の絶対無限力を瀆す即ち認めないということがすべての罪のうちで最大なる罪であることは、イエス自身も「誠に汝らに告ぐ、人の子らのすべての罪と、けがす瀆

頭注版㉟六八頁

しとは赦されん。然れど聖霊をけがす者は、永遠に赦されず、永遠の罪に定めらるべし」（「マルコ伝」第三章二八―二九）といっている。

「聖霊」とは聖書のなかでは、神と本来一体なるところの「神の分霊」のことをいうのである。凡そ吾等が生きているのはこの聖霊を受けているからである。聖霊こそ我が本体であり、「真の人間」であり、「本当の自分」であり、「神の子なる自分」なのである。「人間は神の子でない」とか「神の子でも病気にかかる」などというのは、この「聖霊」を瀆す罪であって「永遠に赦されず、永遠の罪に定めらる」と、キリスト自身が宣言している罪である。ところがキリスト教徒と自称しているところの人々の多くが、神の霊の宿れる人間を「神の子」と呼ばず、この「聖霊を瀆す罪」を犯しているということは何と驚くべきことであろう。

だから、敬虔なクリスチャンだと自身も認め、人も許しているような人の霊魂を霊媒に招霊してたずねてみると「自分はまだ暗い所にいる」とか、

赦されん　赦されるだろう

聖霊　真理を悟らせるために働く存在。キリスト教で、「神・キリスト・聖霊の三位一体」の中の三番目の神格

「マルコ伝」『新約聖書』四福音書の一つ。使徒マルコがローマのキリスト教徒のために書いたとされ、イエスの受難と復活までの生涯を簡潔に記している

分霊　神の霊を他の神や人が分け与えられたもの

招霊　霊界から霊魂を招くこと

「まだ病苦を持続して苦しみ続けている」とかいうような例が大変多いのは当然なことである。それはイエスの教えが悪いのではない。イエスの教えの真義を誤解しているキリスト教徒自身が悪いのである。その名称はキリスト教徒でも、キリストが第一にして最大なる罪――永遠に赦されない罪だと宣言している「聖霊を瀆す罪」を平然として犯している反クリスチャンでありながら、みずからキリスト教徒と誣称しているのであるから凄じいものである。

　何故「すべての罪とすべてのけがす罪とは赦されても、聖霊をけがす罪は永遠に赦されない」とイエスは宣言せられたのであろうか。――それは一つ一つの一局部的な行いや考え方に間違いがあっても、根本的に「人間は神の子である」との大真理を悟っていたならば、その人は「久遠生命」の本来相を通して既に救われているからである。ところが聖霊を瀆す罪――即ち「人間に宿る神性――神の子であるとの本来の資格」を押し込め認めない罪

誣称　あざむいて自称すること

凄じい　あきれるほどである

(神性隠蔽)を犯さば一つ一つの局部的な善行をいくら積んで行ってもそれは一生涯毎日毎日一善を積み重ねて行っても、百年で三万六千五百遍の善しか積み重ならない。その百倍の善を重ねて行っても、三百六十万の善しか積み重ならない。結局神——即ち無限の善には永遠に到達しないことになるのである。

○

神は光である。世を照らす光である。光は暗黒に反照する。暗黒は光を照らす事が出来ない。暗黒が光に近づけば暗黒は光に化してしまう。暗黒は積極的力ではない。積極的存在ではない。光を知らないのである。暗黒は束になってきても光を消すことは出来ない。光を知れば光になってしまうのが暗黒である。

光を受けよ。受けた者だけが光となるのである。

頭注版㉟七〇頁

反照　光が照り返すこと。また、ある物事の影響が具体的な形で他に現れること

光を受けるとは、汝らの生命の実相を知ることである。汝らの生命の本質が、久遠の実在たる神そのものであることを悟ることである。悟れば汝の全存在が光に照らされて光に変貌するのである。

頭注版㉟七〇頁

○

たのしく生きるのが神の道である。神は「生かす力」であるから生かさない神は神の道ではない。憂愁にとざされている心は生命を生かさないから神に遠ざかった心である。自分も生かし他も生かす楽しき心が神心である。人は神の子であるから楽しいのが本来である。楽しくないのは「迷い」である。その「迷い」から色々の不幸が生れて来るのである。「迷い」を覚ませよ。

憂愁　うれい。悲しみ

頭注版㉟七一頁

○

『生命の實相』を読んでいて或る瞬間に達すれば必ず真理の光がたましいの中へ射し込んで来るのである。その光は太陽の光よりもなお明るい光である。自分の身体が透明になったような感じがする。自己の生命が無限生命の光耀の中につつまれる。その無限の光耀の中に溶け込みつつ燦然として輝いている生き通しの生命こそ吾が生命である事が悟られる。これこそ自分の本当の生命であったのだ――今生きつつある地上の生命の小さいことよ。それはただ自分の本当の生命の輝きが、迷いの雲間を洩れて、地上に記した小さな光の点々に過ぎなかったのだ。迷いの雲間は裂ける。本当の自分は輝き出でる。地上に晴天の日の太陽が照らすごとく、本当の自分は無限の輝きを放って地上の生活を照らすのである。

○

物質それ自身は心を備えていないから或る形を考えて設計する力もなく、

光耀　光り輝くこと

頭注版㉟七一頁

その設計に従ってものを造る力もない。樹木を造っている物質は樹木の作者ではない。音楽の作者は個々の音符ではなく別に音符を色々の結合に配列した作者があるのである。人間の造り主も吾々個々の人間がその造り主ではないのであって別に吾々を作ってくれたあるものがある。そのあるものを吾々は生命と呼ぶ。眼に見える樹は枯れても、その樹の作者である生命はなくなったのではない。一幕の戯曲は終っても、その舞台監督も死なないし、舞台に活躍していた役者たちも死なないのである。役者は四大である。四大和合して万物生ず。それを順序よく和合せしむる舞台監督は「生命」である。一幕の戯曲が終ったとき、その役者たる四大は分散して、また他の戯曲（和合物）を造るための役者として楽屋に帰り、舞台監督である「生命」も舞台裏に帰って休息する。一戯曲の上演毎に役者も舞台監督も進歩するのである。かくの如きが吾等の「死」であり、「生」である。

配列　順序よく並べること

戯曲　上演することを目的として書かれた演劇の台本

四大（しだい）　仏教に於いてあらゆる物体を構成するとされる地・水・火・風の四つの元素

頭注版㉟七二頁

○

「生長の家」の生き方とは、個々人のうちに無限を意識し、無限の生命に生かされ、無限の智慧に導かれ、少しの恐怖も、不安も、悲しみも、憎みも、嫉みもなしに生活する生き方である。私は「生長の家」の人生観、世界観に入る迄は人間をば有限であると考えていたのである。また個々の人、物、事件などは個々別々な存在であって、Aの目的とBの目的とは衝突し、Aの行為とBの行為とは互に調和するとは限っていないかのように考えていたのである。しかし誰でもそうであるように、こう考えている間じゅう、人間の生活は恐怖と不安とに満ちたものである他はないのである。個々別々のものが皆な離れ離れであるとすれば、たとい神を信じ拝するにしてもこちらの神様を拝んでいてあちらの神様を拝んではこちらの神様から叱られるかも知れないというような気持になったり、こんな拝み方で、神様が満

嫉み　嫉妬　ねたむこと。

足して下さるだろうかということになったりするので、何神さんを拝んでもしっくりしないであろう。「隣人を愛せよ」ということを教えの第一としたキリストを教祖に仰ぐ牧師でありながら、「隣神」を愛しないで、ほかの教えの神を攻撃するというような実に不合理な矛盾きわまることをやるようなことになる。「生長の家」では一切のものと和解することを信条とし、先ずこの不合理を除り去ったのである。「生長の家」ではすべての隣人が神の前に於て兄弟であるように、すべての教えの神は唯一つの親神の前に於て教えの兄弟であるのである。

○

愛はI（私）である。愛はみずからの再発見である。みずからを再発見しなければI（私）も無い。みずからを見出したとき吾々は思わず、「ア」と驚いて叫ぶ。太陽を見出したとき「ア」と驚歎する。吾々は太陽を外に見出

「隣人を愛せよ」「おのれの如く…」で始まる『新約聖書』「マタイ伝」第二十二章、「マルコ伝」第十二章、「ルカ伝」第十章にあるイエスの言葉。

牧師　プロテスタントのキリスト教で信者の指導や教会等の管理をする人。カトリックでは神父という

頭注版㉟七三頁

したと錯覚するのであるが、吾々は自分の心の中に起らないことは何事も感ずることが出来ない。吾々が外に太陽を見出したとき吾々の心の中に太陽が生れたのである。自分の心の中に見出した太陽は先ず「ア」の声で表現せられる。阿字は大日如来の真言即ち本体である。「ア字は是れ一切法教の本なり。凡そ最初に口を開くの言に皆アの声あり。若しアの声を離るれば即ち一切の言説なし」(『大日経疏』第七)法教の二字いずれもノリ(宣)と読む。いずれもコトバである。一切のコトバはア声をもととして展く。一切のアラワレは自己の再発見を外界に移入して、それを外界と見るのである。外界は常に内界の中にある。一切現象はただ自心の展開である。

ア声は天地に満つる。それは、天照大御神の御徳が天地に満つることこその事に対応する。天照大御神の御徳は天地に満ちているのであって、決して太陽がさし上ったとき初めてさし上ったのではない。吾々が太陽を見出したとき初めて天地に満ちたのではない。だから仏教では阿字本不生とい

阿字　梵語の十二母音の最初の音。事物の始まり、宇宙の根源を意味する。真言密教では万物の不生不滅の真理を象徴するものとして阿字を観ずる阿字観を行う

大日如来　真言密教の本尊。毘盧遮那仏

真言　仏の言葉

言説　言語での説法

『大日経疏』　『大日経』の根本注釈書。唐代の善無畏が講説して一行が筆録した。日本には空海によって伝えられ、真言密教の理論書として重視されている

移入　移し入れる

天照大御神　『古事記』神話の最高神。皇室の祖先神。伊勢神宮に祀られ、国民崇敬の中心

阿字本不生　密教の根本の教え。阿字は一切諸法の本源が不生不滅すなわち空(くう)であることを象徴しているという考え

う。本不生とは後から生じたのではない、本来ある意である。本不生なるものの仮に時間空間の世界に展開して有声のア声となり、その一切の声字となる。本不生なるものなれど、吾等が見出す程度に従ってそれが現れる。見出す程度に従ってあらわれるが故に、唯心所現という。一切法本不生であって、唯心所現である。「一切法は衆縁より生ぜざるはなし。縁より生ずるものは悉く皆始あり本あり。(是れ有の義)今此の能生の縁を観ずるに亦復衆の因縁より生じ、展転して縁に従う。誰をか其の本となさん。(是れ空の義)即ち本不生の際を知る。是れ万法の本なり。猶お一切の言語を聞く時、即ち是れ阿声を聞くが如し。是の如く一切の言語を聞く時、即ち是れア声を聞くが如し。」(『大日経疏』第七)

アと万物を見出して、吾々は自分自身の心を見る。だから「我」は我みずからのことである。見るということは彼と我との一致である。かれなる一と、我なる一とが、本来一つのものであると繋ぎ結び合わすとき一と一と結

声字　音声や言語。「しょうじ」とも読む。空海は『声字実相義』を著した。著者が神から受けた啓示である「七つの燈台の点燈者の神示」に「声字即実相の神示」がある

唯心所現　すべての存在・事象は心の現れであるということ。『華厳経』の中心思想

衆縁　さまざまな因縁

能生　事物を生みだすそのもと

因縁　物事が生ずる直接的原因である「因」と間接的条件である「縁」によって結果が生ずること

展転　めぐること。ころがること

ばれてＩとなる。Ｉは一人称であり、同時に自他一体の融合をあらわすのである。Ｉはアイ、即ち愛である。

吾々が、彼を見出した時、「オーイ」と呼びかけるが、実は「アーイ」と呼び掛けるのである。伊邪那岐命が伊邪那美命を見出し給いしとき呼び掛け給うた言葉は「あな美哉」であって、ア声を以て呼び掛けたまうたのである。

アは発見の喜びであり、感歎の言葉であるが、感歎して思わず開いた口を閉じて上下の歯の間より声が漏れた時ア声はイ声に変る。外に発見した自分を、今度は内にみずから発見するのである。「我」はＩとなり、「ア」と呼べば「唯々」又は「唯阿」と答える。日本では「可」転じて「ええ」と答える。英語はイエスで答え、ドイツ語はjaで答える。噫と感歎する語の字音はアイでもあり、イでもある。アーと外界に発見して驚いたものを反照してみずからの内に天地万物を発見した時の声がイーである。自己みずからの内

一人称　文法で、話し手や書き手が自分自身をさし示す言葉

伊邪那岐命　日本の「国生み神話」に描かれている神。皇室の祖神である天照大御神とその兄弟である月読命と須佐之男命の「三貴子」の父神

伊邪那美命　伊邪那岐命と共に「国生み神話」に描かれている神。火の神を産んだ時に焼かれて黄泉国に行き、慕って追ってきた伊邪那岐命と訣別した

あな美哉　ああ素晴らしい。『古事記』上巻の国生み神話で伊邪那岐命と伊邪那美命が互いに掛け合った言葉。本全集第二十一巻「万教帰一篇」下巻第六章参照

字音　日本に伝来して国語化した漢字の発音。呉音・漢音・唐音など

に万物を発見するのがイ声であり、本当の信であるから、信という字はイの言と書く。アーと呼んでイーと答える、我と彼と彼と我と一つになったのがI(愛)である。

愛は自己が他への没入であると共に、他を自己に没入せしむる衝動としても現れる。自己没入の愛は捨身犠牲又は自己放棄を以てあらわれる。他を没入せしむる愛は貪欲偸盗瞋恚その他の悪徳となって顕れる。自己を他へ没入せしむる愛は浄愛であり、他を自己に没入せしむる愛は不浄愛である。『大毘婆沙論』第二十九に「愛に二種あり、一に染汚は謂わく貪なり。二に不染汚は謂わく信なり。問う諸々の貪は皆愛なりや……謂わく貪は皆愛なりと。愛して貪に非るあり。此れ即ち信なり」とある。

信は大和ことばにてマコトと訓む。マト(的)と同一の語源である。的は⦿であり、中心に帰一する相である。ココロ⦿に中るを信というのである。信心とは的に中る心である。宇宙の真相は⦿であるが故に、信は真であ

没入　心を打ち込むこと

貪欲　欲が非常に深いこと。仏教の「十悪」の第八番目

偸盗　他人の財物をぬすむこと。仏教の戒律の対象である十悪や五悪の一つ

瞋恚　怒りうらむこと。仏教の「十悪」の第九番目

浄愛　きよらかな愛

『大毘婆沙論』　小乗仏教の教理の集大成にあたる書。唐の玄奘訳。二〇〇巻。本全集第四十六巻「女性教育篇」下巻第十一章六〇頁参照

染汚　煩悩によってけがれること

り、宇宙の真と一致せる心、宇宙そのままの心、随神らの心、が信であって、信とは神に一致する心である。利益を得ようとしてひたすら神に諛びるものは神の心にかなわぬ。「心だにまことの道にかないなば祈らずとても神や護らん」（菅原道真公の御歌）

この時のまことは信であると共に真であり、誠である。宇宙の真は☉の相に鳴り響いている法であるので法輪という。この法輪の中央に蜂の巣の如き皇あるが故に、蓮を以てこれに擬え、蓮華蔵世界という。実はマコトであり、マコトの展き伸ぶるを言葉という。宇宙のマコトに一致するとき祈らずとも信心である。信仰は祈りがないのではない。信心はそのまま祈である。唇のみ動きて風気を発する空念仏を菅公は排撃されたのである。

愛が、他を自己に奪いとる愛となるとき、それは明るい愛ではなく、闇となる。闇は音、即ち言を門を以て蔽った形である。「闇淵の面にあり」（「創世記」第一章）はこれである。音を蔽い隠しているのが闇であって、闇その

随神ら　神の御心そのままに

「心だに…」　菅原道真公が詠んだ歌として親しまれている歌。本全集第十二巻「生活篇」上巻一〇三頁等参照

菅原道真公　承和十二～延喜三年。宇多天皇、醍醐天皇に仕えた。右大臣、従二位。讒言によって筑紫の太宰府権帥に左遷されて任地で没した。北野天満宮の祭神。『菅家文草』『日本三代実録』等の編著がある

法輪　仏の教えを車輪にたとえた言葉

皇　宇宙の真理と同じく、日本が天皇を中心に蜂の巣のようにまとまっている国家であるため、天皇を意味する「皇」が使われた

擬える　見立てる

蓮華蔵世界　浄土宗で極楽の別称。阿弥陀仏の浄土

風気　風が吹く気配

ものが実在するのではない。闇は音の蔽われている消極的状態であるに過ぎない。音がないのではない。門がひらかれないのに過ぎない。門が開かれれば闇は転じて光となる。◉と中心に澄み切り透明になって、音がまだ顕在になっていないのが暗、即ち暗である。音が顕在になる時◉は転じて⌖となる。「神光あれと宣いければ光ありき」（「創世記」第一章）

神光あれと宣いて◉が⌖（日）となるとき、本来天地なく、本来左右なく、本来陽陰なかりし◉（宇宙）に天地、上下、左右、陽陰を生ずる。天地、上下、左右、陽陰は本来一体にして本来別物ではないが故に、もとの一体に合せんとして気動く、天地の命、陽陰の息にクミ合いてその間より発する声はアーウム（阿吽）であり、最後の極点に達して、イクである。イクは命組ミ合イであり、生であり、生であり、息である。吾等人間は小宇宙なるが故に、天なる上歯と、地なる下歯と噛み合いてその間より声を発すれば天地組合いの模型の声を出してイ声となる。イ声は万物のイノチである。稲は人の

空念仏　信心がなく口先だけでとなえる念仏

菅公　菅原道真公

「創世記」『旧約聖書』の冒頭に収められている天地創造の物語。本全集第十九巻「万教帰一篇」上巻第一章参照

阿吽　二人以上で物事を行う時の互いの微妙な気持ちや呼吸がぴったりと合うこと。「阿」は梵字の十二字母の第一字、「吽」は最後の字母。密教ではこの二字を万物の初めと終わりを象徴するものとした

極点　到達できる最終的な所

イノチであり、息は人のイノチである。イは伊であり、伊であり、伊であり、伊である。

「K」（火）の声、天地抱合の自然の声「I」と結合すれば、K（気）となる。天地の気ありて万物を生ずるのである。

　天地万物I声に於てIである。Iは上の一と下の一とをIび合せたるものなるが故に、一つにして二つであり二つにして一つである。自他抱合して分ちなくIなるがIであり、愛である。かるが故に愛は◉素直に円相を成すのが上々である。伊と伊とは同一字であるのが本来であるが能愛（愛する方）と所愛（愛せられる方）と二つの仮相を認めて愛するのが実相の愛ではない。実相の愛は、能愛と所愛との一つでなければならない。『維摩経』の「文殊師利問疾品」に、「是の観を作す時、諸々の衆生に於て愛見の大悲を起さば即ち応に捨離すべし」とあるところの愛見の大悲とは我が彼を愛するという彼我、能愛所愛の区別を存する愛であって、執着が残っているか

抱合　抱き合うこと

円相　円く完全な姿

「文殊師利問疾品」　『維摩経』十四品のうちの第五品。文殊菩薩が維摩詰の病気を見舞った際に両者の間で交わされた問答が記されている。本全集第五十・五十一巻「宗教戯曲篇」中・下巻「釈迦と維摩詰」等参照

愛見の大悲　小乗の菩薩が起こす、物事にとらわれたまま他をあわれみ救おうとする慈悲心。愛見悲とも言う

捨離　捨てて離すこと

彼我　相手と自分というとらわれ

ら、私があんなに愛してやったのに背いたなどといって恨み瞋りの原因となる。愛が闇となったのである。愛見の大悲は、愛は愛ではあるが病根となるのはそのためである。宜しく吾等はかくの如き執愛を超克しなければならない。

光のア声が内に籠りて外に顕れざるときは、闇となる。ムは結ばれのムであり、結縛せられて自由に解放せられざるをいう。更にア声が内に屈もりて光をあらわすことを得ざるをアク(悪)という。

闇は止であり、止はその漢音止である。止は止まるであり、静止であり、死である。では、死はあるか、死はない。それはただ「生」の止があるだけである。では闇はあるか、闇は無い。それはただ光の止があるだけである。

○

身を捨てて

執愛　人や物に心がとらわれた愛
超克　困難を乗りこえて打ち克つこと
結縛　結んで縛ること。また煩悩の異名
屈もる　声が内にこもってはっきりしないさま
しじま　静まりかえっていること。静寂

頭注版㉟七九頁

浪の上に
まかせ切って、
蒼空を見るとき、
何もない！
そしてすべてがある。
空にして実
実にして空
そして生きていて
沈まない、
不思議な存在、
それが「私」である。

○

来客――自分の子供というものは、大変教育しにくいように思いますが、これはどういうようにしたら好いものでありましょう。言葉の力で善い子供にしたいと思いますけれども、性来訥弁でもあります所為か、どうも善い言葉を使いたいと思っても、今迄ゾンザイな言葉使いをしていた習慣があるものですから、急にあらためるということは、どうもなかなか困難で困っているのであります。子供の方でも親だと、親しみが深すぎていうことをきかないものでしょう。

谷口――私などは自分の子供は一等教育しやすいように思いますね。あまり忙しいので放ってありますが、イザこうさせようと思って命令すると必ず柔順にやってくれます。

来客――それは一つは先生の人格のお力によるのでありましょう。

頭注版㉟七九頁

性来 生まれつき。生来

訥弁 言葉がつかえたり、どもったりして話し方が滑らかでないさま

ゾンザイ 物事を粗略に取り扱うこと

柔順 素直で逆らわないこと

谷口――最初が肝腎ですねえ。習慣が大事ですよ。言葉でも、ぞんざいな言葉で物をいう習慣をつけておくとなかなか直りにくいものです。

来客――今迄何々君といっていた人に何々さんというのでも、ちょっとなかなかいい難いものですからねえ。ところで問題はこのいい改め難いことを如何にしたら改められるか、如何にしたら改善出来るかということでありますが。

谷口――それはやはりみずから大決心を以て遷善改過の実を挙げるしか仕方がないでしょう。そこが心的練習というものでしょう。

来客――心的練習というものは実際必要なものですねえ。

谷口――何事によらず、善いと思ったことには躊躇せずに実行する心的練習によって、こういう心の習慣をつけておくことは自己のためにも処世上にも大変必要なことです。しかしこれを他からも強めてあげる事も出来ます。先建てこういう人がありました。十二、三歳の時に伯父伯母に

肝腎　肝臓も腎臓も人体にとりわけ大切であるように、きわめて大切なこと

遷善改過　あやまちを改めて善い人間になること

処世上　世間と交わってうまく生活してゆく上で

当る人の所へ養嗣子として貰われて往ったのでしたが、今迄「伯父さん、伯母さん」と呼ぶ習慣がついていますので、もう既に十二、三歳になって物心がついてから呼び名を改めて「お父さん、お母さん」と呼ぶ事はどうしてもバツが悪くて仕方がないのです。それだといって従来通り「伯父さん、伯母さん」とも呼ぶ事も出来ない。「お父さん、お母さん」とも呼ぶ事も出来ない。それで養父に対して物をいいかけるのに「何々さん」という呼びかけの言葉の出しようがない。だから向うから呼びかけられて、受け答えをする時のほかは、こちらから話しかけることが出来ない。自発的に子供が一度も呼びかけてくれない位親にとって淋しいことはない。もうこの子供は折角貰ったが帰らす他はないと父親は思っていた。或る夏の日の夕方、急用があって店から自転車で父親を招びに来ましたが、父親は昼寝をしていたので、その子供が玄関へ出て取次いだのです。用向を聞くには聞いたものの、お父さんは眠っている。「オイ」とも「君」とも「コラ」とも呼ぶわけに行

養嗣子　旧民法における、家督相続人となる養子

用向　用事の内容。用件

かない。さればといって今迄「お父さん」とも呼んだ習慣がないのでお父さんと呼ぶことは、一層バツが悪くて出来ないのです。そのためその急用をお父さんに取次がないで使いの者を帰してしまったのです。あとでそれが判って、お父さんから散々油を絞られた。その時叔父に当る高知県の井之口村尋常小学校の校長さんが生長の家本部へ修行に来られていて、可哀相だと思ってその息子を生長の家へ伴れて来られた。色々理解を説いてきかせて、本人も「お父さん」と呼ぶ決心が出来た。決心が出来ても、サテ「お父さん」と呼ぶ段になってから、その実行の勇気がなくなってしまっては何にもならないので、私は神想観の指導中「楽に何のこだわりもなくお父さんと呼ぶことが出来る」と力強く、その息子さんに言葉の力で暗示しておきました。その日その息子さんは「お父さん」と、何のこだわりもなく、楽々と養父に言葉をかけることが出来たのです。今迄、出したくて出なかった「お父さん」という親しみある言葉が出たものですから、その家庭が幸福

油を絞る　過ちや失敗を厳しく叱って責める

叔父　父または母の弟。ここでは子供の養父の「伯父」とは別人

尋常小学校　明治十九年に設置された満六歳以上の児童に初等教育を行った義務教育の小学校。修業年限は当初四年、明治四十年からは六年となった

神想観　著者が啓示によって得た坐禅に似た観法。本全集第十四、十五巻「観行篇　神想観実修本義」参照

になったことはいうまでもありませんが、息子さん自身、その日ほど愉快な幸福な気持は未だかつて体験したことがないといわれました。善き言葉の力が地上に天国を造るということはこの事実でも判ります。

○

『碧巌録』の公案の第二に「至道無難」というのがある。至道というのは至上の大道――即ち本当の道のことであって、これは「無難」である。何も難かしいことはないという意味である。何も難かしいことがないのが至上の大道であるのである。難かしく考えるとどれが善だか悪だか判らなくなる。樹木は何も考えずに生きて伸びて行く。そして伸びて行くことが至上の道である。

○

頭注版㉟八二頁

『碧巌録』 宋代に成立した禅の公案集。雲門宗の雪竇重顕(せっちょうじゅうけん)が古則公案百則を集めて頌(じゅ)を付したものに、臨済宗の圜悟克勤(えんごこくごん)が自在に評釈を加えた。著者は最晩年にかけて『碧巌録解釋』を著した

公案 禅宗で悟りに導くために与える課題

至道無難 仏教語。悟りや真理に達する道は難しいことはないという意

頭注版㉟八三頁

人間の能力は人間自身が物質的存在ではなく霊的存在であるということを自覚すればする程、無限に発現して来るのである。四福音書に記されているイエスの奇蹟や、「使徒行伝」にあらわれているペテロ、ヨハネ、パウロの行ったような奇蹟は、唯の空想ではなく、また或る一時代だけに限られたる奇蹟ではなく「生長の家」から出版されている書物を読んで真理を悟った人々には、現代でも、またいつの時代にでも起る事実である。

神示によれば、「人間の病気が治るのが何が奇蹟であるか」とある。という意味は、人間は神の子であって、本来健康である。本来健康であるものが健康になるのは奇蹟でも不思議でもない。却って本来「神の子」である人間が病気になるのこそ奇蹟であり不思議であるという意味である。

人間は本来「神の子」であるから、健康ばかりではなく、智慧に於ても、能力に於ても、もし吾々が「神の子」である事実を真に完全に理解すれば、真に無限に湧き出でて来るべきである。それが真に無限に湧き出でて来

発現　あらわれ出ること

四福音書　『新約聖書』中の「マタイ伝」「マルコ伝」「ルカ伝」「ヨハネ伝」の四つの福音書。イエス・キリストの生涯と言行が記される。ゴスペル

使徒行伝　『新約聖書』で四福音書に次ぐ第五書。イエスの死後の初代教会の歴史が記される。特にペテロとパウロの活動が描かれている

神示　著者が神から受けた啓示。ここでは昭和八年一月二十五日に著者に天降った「自然流通(じねんるつう)の神示」を指す

ないのは、自己自身が神の子であるという事実を真に完全に理解していないからである。吾等は自分で作った「制限」の眼を以て――朦朧たる色眼鏡を透して自己自身を眺めて、そこから通して洩れて来る生命、智慧、能力だけを認めて、それを自分自身の力だと思っているからである。

朦朧　ぼんやりとかすんで、実体がはっきりしないさま

○

頭注版㉟八四頁

神は吾等の親であり、吾等は神の子であるから、神と吾等との間には人格的交わりが当然起るのである。この、神と吾等の人格的交わりが祈りとなって顕れる。吾々は祈りによって神を呼ばなくとも、神は決して吾等を忘れ給うことはないのは事実であるが、吾等は神の子であるから、神を呼ばずにはいられない。幼児が「母さま」とその母親に言葉で呼びかけずにはいられないように、吾々も「聖なるみ親」として常に神に呼びかけずにはいられない。実相を顕現する祈りのほかに人格的交わりがある所以である。

○

私はかつて『生命の藝術』誌に現在日本に入り込んで来て「キリスト教」を名乗っているものの中には、決してイエス自身の教えではなく、その実ユダヤ教であるものが多いのであることを説いたことがある。イエスはエホバ神の名を一度も説いたことはないのであって、唯「神」とか、「天の父」とか、「汝らの天の父」とかいって偏寄らない普遍神を説いているのである。十字架にかかったとき、「エリ、エリ」と叫んだのは「創世記」第一章にあるエロヒムの神を呼んだのである。イエスの説いた「神」は、決して『旧約聖書』「創世記」第二章以下にあるようなユダヤ民族のイスラエル回復に関心して怒ったり嫉んだりしているような、偏狭な一民族だけの守護神ではない。だからイエスは「我が国はこの世の国に非ず」と明言しているのである。それでも十二使徒のうちの最大なる一人であるペテロでさえも、

頭注版㉟八四頁

『生命の藝術』誌　昭和八年八月創刊の月刊誌。「生長の家」の思想に共鳴していた佐藤彬らが設立した「生命の藝術社」より発行した。弟の画家松本竣介は表紙の装画や編集を手伝い、小説なども寄稿した

ユダヤ教　Judaism　唯一絶対の神エホバを信仰するユダヤ人の民族宗教。『旧約聖書』を経典とする。キリスト教やイスラム教の母体

エホバ神　『旧約聖書』において唯一神とされる神の名

「エリ、エリ」　『新約聖書』「マタイ伝」第二十七章、「マルコ伝」第十五章にあるイエスの言葉。「わが神、わが神」の意。本全集第五十巻「宗教戯曲篇」中巻九〇頁参照

「視よ、われら一切をすてて汝に従えり、然れば何を得べきか」とイエスに対して現実世界の報酬を求めたりしている。主を誤るものは弟子であり、教祖を誤るものは却って信者である。それに対してイエスは「まことに汝等に告ぐ、世あらたまりて、人の子その栄光の座位に坐するとき、我に従える汝らもまた十二の座位に坐してイスラエルの十二の族を審かん」(「マタイ伝」第十九章二八)などと弟子の希望に迎合したような、現世的利益のような、霊的謎のような胡魔化しをいっている。このイエスの言葉を、一層判りやすく現代語に書き換えてみれば、「世の建替が済んで自分が王様の位に坐ったならば、その時にはお前たち十二人の弟子はイスラエルの十二種族の王様としてその十二種族を支配することになる」といっているのである。イエスだけが「実相の国土」を説いているのであるが、他のユダヤ人たちは(イエスの十二弟子さえも)イエスが王様となるのは、現実的にユダヤ人の王様となってユダヤ人の世界支配が実現するものと思っていたのである。この弟

エロヒムの神 Elohim『旧約聖書』で「神」を表す普通名詞。特定の神を指す固有名詞ではない

「我が国は…」『新約聖書』「ヨハネ伝」第十八章にあるイエスの言葉

十二使徒 キリストが選んだ十二人の弟子。ペテロ(シモン)、ゼベダイの子ヤコブ、ヨハネ、アンデレ、ピリポ、バルトロマイ、マタイ、トマス、アルパヨの子ヤコブ、タダイ(ユダ)、熱心党のシモン、イスカリオテのユダ

座位(ざい) 座席の順序。座席の位置

迎合 自分の考えを相手や世の中の風潮に合わせること

子たちの偏見のためにイエスは当時のユダヤ人の為政者から睨まれて謀叛人としてついに磔刑に処せられたのである。

謀叛人　君主に背いて攻撃をした人

○

夫婦関係というものは執する限り闘いである。夫婦関係だけではない。あらゆる執着する相手と吾々は闘っているのである。人々は彼を自己に奪い取り、征服し、自己と同じ道を歩ませようとして苦労する。しかしかくの如きは「愛」ではない。彼を自己に奪いとろうとする盗罪である。盗罪であるから自己も苦しいのである。本当の愛とは彼を我に奪い取ることではなく、自由に彼を放つことである。すべてを放ちて行くところに行かしめよ。すべてを放ちて彼の生くるがままに生かしめよ。すべてを放ちて生くるがままにまかせるとき、すべては善い！　生命は、そこに迷(結縛)が作用しないとき、ただ善であるほかないからである。

頭注版㉟八六頁

○

神をあやまり伝えるものは却って敬虔な信者の中にある。神の行き給うところ、おのずから道はひらけ、すべてのものは神の前に跪きて平伏し、嶮しきは平かとなる――かくの如きが神の大自在であるとすれば、神の万徳を譲られたる神の子たる吾々もまた本来かくの如くでなければならない。われ大自在になることが親なる神を愛することである。

頭注版㉟八六頁

平伏　ひれ伏すこと

大自在　なにものにも心が引っかからず心が解き放たれて自由になること

○

大自在を失うて苦しむことが神への供え物ではない。神は親であるから、

頭注版㉟八七頁

○

神の子が大自在を得て神の如くなることを喜び給う。

頭注版㉟八七頁

人間の苦痛、不幸、病気等々は必ずしも不可避のものではないのである。吾等が現象界の縦断面図に捉われず、実相の高所にあがってこれを見瞰すとき、苦痛も不幸も病気等々も最早無い。不可避に苦難と闘うことによって向上進化する霊魂も最早無いのである。霊界、現界等は現象界であり、念の投影の世界であるから、念が変れば霊界及び現界に於ける吾々の状態も変るのである。私は衆人の環視のなかで発した私の実相智の一語によって、幽冥界にて苦悩せる霊魂の苦悩を救ったこともある。(『生命の實相』第五巻三七六頁)この実例によっても判る通り、霊界、現界等に於ける苦痛不幸病気等は、決して吾等の進化に不可避のものではないのである。実相を把めば苦痛なくして現象人間が実相人間の完全さに速かに近づくのである。阿弥陀仏に帰命するというのも実相に帰一することである。キリストを信ずるというのも実相に帰入するということである。本全集『生命の實相』第五巻に輯録したマグナッセンの父の霊界通信は「世界には人間自身が信念に

縦断面図　縦に切断した断面。ここでは、限られた一面の意

霊界　霊魂の世界。本全集第十六〜十八巻「霊界篇」参照

現界　今住んでいる世界。この世

衆人の環視　多くの人々が取り巻いて見ているさま

幽冥界　死後の世界

第五巻三七六頁　本全集では第十八巻「霊界篇」下巻一〇三頁

阿弥陀仏　一切の衆生を救うために四十八願を立てて修行し、仏となった。浄土宗・浄土真宗の本尊。阿弥陀如来

第五巻　本全集では第十七・十八巻「霊界篇」中・下巻

マグナッセン　「霊界篇」第二章で亡父の霊界からの言葉を受けた画家。本全集第十七・十八巻参照

よって創作しない限り、何一つ醜いものは存在せず、何一つ悪なるものは存在せず、何一つ恐怖すべきものは存在しない」と述べ「実相は永遠であり、地上の不幸を嘗めて来たすべての霊魂はただ肉の人間として苦しみを嘗めたに過ぎないのである。しかし肉の人間は実相でないから苦しみもまた実在ではないのである。実相としては人間は永遠である。されば人間は決して未だかつて苦しんだ事はないのである」と述べている。すべての悪、不幸、苦痛は仮相であり、人間の念によって創作された仮の相にすぎないことを、この霊魂はいみじくも喝破していたのであった。この点――マグナッセンの父の霊界通信は実相覚の立場から「生命」本来の不苦不悩の実相を観ている大乗教というべく、差別心の立場から苦痛によって試煉されて次第に向上して行く「現象生命」を説いているヴェッテリニの霊界通信は小乗教と謂うべきであろう。即ちヴェッテリニの霊界通信は、人間霊魂の輪廻転生を説いた時代の釈迦の教えにも比すべく、マグナッセンの父の霊界通信は唯ひ

いみじくも　大変うまく。適切に
喝破　物事の本質を説き明かすこと
試煉　信仰や決心の固さなどを厳しく試すこと
ヴェッテリニ「霊界篇」第一章で霊媒の少女を介して霊界の様子を語る霊魂の名。本全集第十六・十七巻参照
小乗教　小さな乗り物の意。自己の覚りを第一とする教え
輪廻転生　肉体死後の霊魂が生まれ変わり、死に変わること

たすら金剛不壊の実相生命のみを説いた『涅槃経』時代の釈迦の教えにも較ぶべきであろう。「因果昧さず」の消息を説いたのがヴェッテリニであり、因果にいて因果に堕ちず、只管光明遍照の実相生命を説いたのがマグナッセンの父の霊魂である。両説揃うて完璧の「生長の家」の所説となるのである。「霊界に苦しみ無し」といえば因果を昧ますことになり、「苦しみ本来あり」といえば実相を昧ますことになるのである。「因果昧まさず、苦しみ本来無し」が本当なのである。

○

光は暗を許さない。暗を許すことは暗を存続せしめることになるのである。光は最も有効に暗を消すのである。「生長の家」は罪のままで病気を治さない。罪のままで病気を治したら、罪は罪のまま存続することになるからである。病気は罪の自壊する過程であるからである。偶々『生命の實相』を

「因果昧さず」　よい行いにはよい結果が、悪い行いには悪い結果が生ずるという因果の法則はくらますことができないこと

消息　ありさま。事情

光明遍照　光が到るところに照り輝いているさま

頭注版㉟八九頁

自壊　内部から自然にこわれること

読みて病気が消えるのは罪そのものが真理の光に照らされて消え、罪の自壊する必要がなくなるからである。罪の自壊には必然的に苦しみを生ずるのである。キリストが十字架の苦しみを受けたのは、人類の罪の代贖の為であるといわれている。罪の代贖とは人類自身が「罪あり」とする「罪の意識」に、神みずからがその身を供え物とし給うたことである。「罪あり」と思えば、その思う意識に縛られて、人は益々暗い世界へ落ちて行く。これを「罪無し」の意識にしてやる方法はないだろうか。前科者は前科ありの意識によってみずからを縛って重犯をかさねて行く。始めから無罪、青天白日にしてやったならば重犯はあり得ないのである。わが『生命の實相』は、人類を最初の青天白日の意識に蘇らすために出現したのである。

○

最近、広島の医学博士清茂基氏から昭和十三年三月号の『學士會月報』を

代贖　犯した罪や過ちのつぐないをすること

前科者　以前に罪を犯して刑罰を受けた者

重犯　重ねて罪を犯すこと

青天白日　青く晴れ渡った天気のように心にくもりがないこと。また、無罪が明らかになること　頭注版㉟八九頁

清茂基氏　明治十五～昭和二十年。泌尿器科の医師。光明思想普及会刊の服部仁郎著『結核に悩める人々へ』に序文を寄稿した。昭和二十年八月六日、広島市で経営していた清病院が原子爆弾の爆心地となり、被爆死を遂げた

「何かの御参考になるであろう」と私の手許に送って下さった。披いて見るとその第三十七頁に「ルールド巡礼記」という瀧澤敬一氏のルールド聖地踏査記が載っているのである。近代科学の叢淵であるところの帝大の同窓会誌にその会員が目に見たところの現代の奇蹟を書いているのだから、時代は物より霊に移りつつあることが感じられるのである。

瀧澤氏は「筆者の着いた翌日の『デペシュ・ド・ツールーズ新聞』、ルールド通信に左の記事がある」といって次の如き新聞記事を紹介している。

一九〇九年、クレルモン・フェラン市生れの、オデット・リヴェール嬢は、一九二七年以来、腸、腹膜及び腎臓に重い結核性の病を得、同年盲腸炎の手術をした時に結石の摘出をもした。一九三三年には、腸の疾患が悪化し、衰弱が加わる一方であったから、人力ではもう駄目だと見きりをつけ、ルールド第一回の巡礼をしたが何の効験も顕れず骨と皮ばかりに

瀧澤敬一氏　明治十七～昭和四十年。随筆家

踏査記　実際に出かけて行って調べた記録

叢淵　寄り集まるところ

帝大　旧制の七つの帝国大学

クレルモン・フェラン　Clermont Ferrand　フランス中部の都市

腹膜　腹腔内の内臓と腹壁の一部を覆っている薄い膜

結石　内臓内で分泌物の成分などが固まって石状となったもの。胆石、腎結石、尿管結石、膀胱結石など

効験　祈禱のききめ

なり熱と痛みに堪えず、臥たきりで注射によりやっと我慢をし続けた。一九三五年には、脳膜を冒され脊髄の疼痛は募る一方で、飲食物がほとんど咽喉を通らぬ為、栄養不良の極に達し、もう死んだも同様となり、結核性腹膜炎なる診断を下され、一九三六年八月十日、クレルモン・フェランの重病人巡礼に加わってルールドに来た時には十二人の立会医者も皆匙を投げた。

十一日から昏睡状態に陥り、看護の者も霊泉に浴させる勇気なく、灌水をしただけで、バジリック境内に担ぎ込んだが、もうこの時は聖歌祈禱どころではなく、いよいよ臨終であった。ところがクレルモンの司教が、聖体顕示台を捧げて聖別をした瞬間、その肉体が非常な衝動を感じたと見るや、突然眼を開き、担架の上に立上って、「歩きたい」と叫んだ。周囲の者は、やっとこれを抱き留め、病院まで伴れて帰ってみると、熱も痛みもすっかりとれて疲れた様子さえない。十二年間の病苦が一瞬で消え失せたの

脳膜　脳および脊髄を覆う保護膜。髄膜
脊髄　背骨の中を通る灰白色の神経中枢
疼痛　ずきずきした痛み
匙を投げる　薬を調合する匙を投げ捨てる。治療の方法がなくあきらめること
昏睡状態　意識を失って刺激を与えても目覚めない状態
灌水　水を注ぎかけること
司教　ローマカトリック教会で、司祭の上に立って教区を監督する職
聖体顕示台　イエスの身体を象徴するパンを収めて聖体としてあらわし示す台
聖別　キリスト教で神聖な用にあてるために人や物を一般的、世俗的使用から引き離すこと。聖化

である。

それからは、食うわ、歩くわ、もう常人とちっとも異わず、八月十四日に、クレルモンのギョン博士が馳けつけて診察し、生きては帰れぬと予告した手前、ただあっけにとられ、「あの、あなたが治ったのですか。これではどうも、奇蹟を信じないわけには行きませんな」という。この時の体重は四十四キロ、八月二十九日五十一キロ、十月三十日五十七キロ、本年六月には六十四キロに達し、ピンピンしている。八月二十五日最後の診断の結果、医局は完全なる治癒の証明をした。これほどひどく蝕まれた肉体が二、三秒で全快するということは、医者の学問ではどうしても見当がつかない。

すべての重病者がこの通り癒るのではない。この実例でも第一回のルールド巡礼の時には奇蹟は起らなかったのである。或る人のみが或る精神昂揚の飽和点に達したとき突如として奇蹟が起る。百人の大病人のうち一人

常人　普通の人。健常者

医局　ここでは、ルールド巡礼に於ける病気の治癒を診断する医師団

昂揚　本書九九頁の「高揚」に同じ

位がこの奇蹟的治癒という不可思議な現象に見舞われるのである。その奇蹟的治癒の原因がクーエの自己暗示の如き自己催眠状態の結果として現れるのだと批評する人もあるが、単に「気の所為だ」というような緩慢な治り方ではないのである。或る温度にその溶液が達した時にパッと片栗粉が透明になるように、或る心境に達する迄の巡礼者には何の治癒も起らないのに、或る心境に達したときに、突然科学を無視したような奇蹟的治癒が行われるのである。瀧澤氏は今年は「この大巡礼週間（毎年八月十九日から一週間）に奇蹟的治癒と刻印をうたれるべきものが六回あった」と述べている。多数の有名なる医者を局員とするルールド査証医局では、これから向う一ヵ年間、これらの病人の健康状態を精しく診察して、医学上治癒に相違なしと確定した時に初めてこれを奇蹟として世間に発表するのだそうである。

ルールドの当局者はこの奇蹟的治癒を次の如く説明していると瀧澤氏は

クーエ Emile Coué 一八五七～一九二六年。フランスの心理療法学者。薬剤師を経てクーエ療法（クエイズム）と呼ばれる自己暗示法による診療を創始した

緩慢 ゆったりしていて、のろいこと

査証 調査して証明すること

紹介している——

「精神状態は、或る暗示で立直るかも知れないが、結核や癌の末期が目の前で治り、ひどい骨折が一瞬で癒着するのは、科学の領分外で超自然力が働くのである。」

「百人の大病人が、同じ水を浴びて、一人しか治らないのは、精神状態が同一でないからというが、器官の病気を一瞬で治し得る証明には不充分である。何故にこれがルールドの公教信者間のみに起って、国手の集っている立派な病院で行われないのか。」

「科学は、自然力に矛盾がなく、一法則は他の法則に妨げられず進行するものだと教える。自然は、カロリー、消化、新陳代謝があり、一定の時を経て、肺が出来たり、骨が癒着することを教える。この法則が全く無視され、一足飛に色々な現象の生じるのは、自然力よりももっと強い、高

公教　ローマカトリック教会

国手　「国を医する名手」の意より、名医。国医

新陳代謝　生存に必要なものが取り入れられて不要なものが排泄されること

い力によるものと考えねばならぬ。」

ルールドの奇蹟と同じような聖癒の奇蹟が生長の家に於ても続々起る。先日長崎へ講習会に往った時にも、下関市の阿部さだという婦人は××帝大病院で見放された直腸癌が、生長の家本部へ来る為の汽車中『生長の家』を読んでいるうちに治ってしまった体験談を発表された。――しかしすべての人間の重病が悉く治るのではないのは、ルールドの奇蹟と同じようである。しかし、瀧澤氏のこの巡礼記に現れているよりも、その治る率はもっと夥しい率に上り、それも巡礼週間というような限られた期間ではなく、毎日どこかで誰かが『生命の實相』又は『生長の家』を読んで奇蹟的治癒を得つつあると考えられているのは、大抵毎日、生長の家本部に於て新しい誌友が新しく癒やされた体験談を発表している事実に徴して間違いはないと思う。

直腸癌　大腸の末端部で肛門に続く直腸にできる悪性腫瘍

『生長の家』　著者の個人雑誌として昭和五年三月一日に創刊された。本全集第三十一～三十三巻「自伝篇」参照

誌友　狭くは月刊誌『生長の家』の読者を指し、広くは「生長の家」信徒を指す

徴する　照らし合わせる。根拠を求める

では、何故？　ルールド及び生長の家に於てこのような奇蹟が起るのであるか、その原因は共通のものであろうか、それとも全然異るものであろうか。これを明かにするために私は瀧澤氏の「ルールド巡礼記」の中から、このルールド聖域の由来記を次に抜萃する――

＊　＊　＊

「ベルナデット・スービルーは、一八四四年一月七日、赤貧洗うが如き粉挽きの家に生れた。一八五八年二月十一日、十四歳の春、妹及び友達一人と、村領の林に枯枝を拾いに行き、たまたまポー川に沿ったマッサビュルの岩山の前を過ぎ、野ばらの生えた垣の上、岩のうつろに、美しい白衣の婦人の佇んでいるのを仰ぎ見た。勿論その姿は、この小娘だけに現れたのである。

ベルナデットの言行は、精しい正確な記録が伝わっているが、それによると、この出現は「白衣をつけ、青色の帯を結び、黄金のばらの花二輪

ベルナデッド・スービルー Bernadette Soubirous　一八四四～一八七九年。フランスの修道女。一八五八年に唯一人聖母マリアの顕現に遭う。サン・ジルタール修道院の修道女となった。一九三三年に聖女の位に列せられた

赤貧洗うが如し　ひどく貧しくて洗い流したように何一つ持ち物がないさま

うつろ　中身がなくからっぽのところ。空洞

をその素足にふみ、腕には、黄金の十字架、黄金の鎖に純白石の珠の念珠をかけた、十五、六歳にも見える若い婦人がにっこりした」というのである。

村中誰もそんなことを信用する者はない。二月十四日に信者が一人ついて行き、もし、その白衣の婦人が現れたらば、一体誰であるのか、何が欲しいのか、書きつけてもらえとて、紙と筆とを手渡しする。ベルナデットは、声をはり上げて話をしたが、返答は傍の者には聞えない。御告げの語というのはこうであった。

「あなたに言わねばならぬことは、書きつけるには及びません。どうぞ、これから十五日の間、ここへ来て下さい。あなたをこの世で幸福にしてあげると御約束出来ませんが、あの世ではきっとしてあげます。」

それから、ベルナデットは白衣の婦人の命ずるままに、毎日岩窟に通い、土地の信者も伝えきき、そこにぞろぞろついて来るようになった。

念珠　数珠（じゅず）に同じ

二月二十四日

「痛悔。痛悔。痛悔。」

婦人がこう被仰ったとて、娘は泣きながら振り向き、皆に告げる。

二月二十五日

「泉に行って顔を御洗いなさい。
　その傍に生えた草を御食べなさい。」

これが前日の痛悔の情を実行にうつしたのである。水といえば、ポー川の流れがあるだけだが、命ぜられるままに両手でその辺の泥をかき廻して、顔になすりつけ草をむしってむしゃむしゃと食べたから、村人達は娘がいよいよ発狂したと思い込み、すっかり失望して引揚げる。

二月二十七日

「ここに寺を一軒建てるのです、と司祭の所へ行って御話しなさい。」

娘は、恐る恐る村の司祭の所へ出向き、その話をすると、寺の建立と

痛悔　contrition カトリックの用語。神に対する愛または恐れから起こる悔い改め。「ゆるしの秘跡」の本質的部分。コンチリサン

司祭　ローマカトリック教会では司教に次ぐ僧職。教会を統括してミサや儀式を行う

はちと虫がよ過ぎる。第一そんな金はなし、自分のような下級聖職者の仕事ではない、と答える。娘は白衣の婦人の伝言をすればよいのです、とてそのまま引退る。

三月二日

「是非司祭の処へ行って、ここに寺を建て、行列して来るようにと御いいなさい。」

これで、村の騒ぎは益々広がる。或る者は、その女が神様の御使いならば、野ばらに花を咲かしてみるがいい、そうしたら信用するという。一人は、これを打消し、冬だって狂陽気で返り咲きということもある、何も神様に限ったことではない、とまぜ返す。

司祭も、娘の熱心にほとほと閉口し、それほどにいうならば、寺も建てようが、相手は誰だかわからない、その名前を聞いて来たならば考え直す、となだめる他はなかった。

ちと 少し。ちょっと

返り咲き その季節でない時期に再び花が咲くこと。狂い咲き

まぜ返す 横から口を出したり茶化したりして話を混乱させること

閉口 手に負えなくて困ること

三月二十五日であった。ベルナデットは例の如く多勢につきまとわれて岩窟へ行く。

「ああ今日は先に来ていらっしゃる。いつも私が跪いて御祈りを始めてから、いらっしゃるのに」と大喜びで他人には見えぬ白衣の婦人に呼びかける。

「どうぞ、御願いですから、御名前を被仰って下さい。」

婦人は答えず、娘はたたみかけてせがむ。

すると、白衣の婦人は、きっとした様子になり、両手を組み合せ、天を仰ぎ、何ともいいようのない微笑を浮べて、

「私こそ無原罪の受胎です」と宣言する。

"Que soy era Immaculada Councepcion"

白衣の婦人は、フランス語のよくわからぬ田舎娘の為に、今迄いつでも、ルールド地方の方言を使っていた。ベルナデットは、生れて初めて耳

たたみかける　続けざまに言うさま

無原罪の受胎　カトリックの教義である「無原罪の宿り」。聖母マリアが、アダムとイヴの犯した原罪のけがれなくキリストを受胎したこと

にするむつかしい文句の意味はわからず、忘れては大変と『無原罪無原罪』を口の中でくり返しながら、司祭の家まで駆けて行く。
公教で、『無原罪』と名のり得られる婦人は、世界にただ一人しか存在したことがないのである。ベルナデットが双手で掘った孔からは、その晩より滾々として霊泉が湧き出し、これを飲みこれに浴する者に幾多の奇蹟を現し、聖母出現の岩窟の上には、今や聖堂の鐘楼がピレネーの碧空を摩している。

大理石の板に刻まれているといったのは、〝〟をかけたこの文句である。これは皆フランス語に訳されており、ファビッシュ刻むところの聖母像の足許にある「私は無原罪の受胎です」だけは方言で書いてある。

一八六二年一月十八日、ローマ教会はベルナデットの言行を正式に承認し、奇蹟的治癒には、神意の動くものありとの断案に達し、出現した聖母の礼拝を許可し、聖堂の建立を命じた。同年二月二十六日道普請を

滾々　水などが尽きることなくさかんに湧き出るさま
ピレネー　フランスとスペインの国境をなす山脈
鐘楼　鐘をつるして撞き鳴らす建物
摩す　空に接するほど高いさま
ファビッシュ Joseph-Hugues Fabisch　リヨンの彫刻家
断案　ある事柄についての考えを決定すること。結論
道普請　道路工事

した時、ちょうど岩窟の下に霊泉の湧口が発見され、今日まで一昼夜に十二万二千リットルの噴出量がある……」

○

病の奇蹟的治癒は聖母像の足下に刻むところの「無原罪の受胎」の文字から流れ出るものであることが明かであるのである。本当に「吾れこそは無原罪の受胎である」との純粋信仰に到達せるものは世に勝つことが出来るのである。多くの人たちは皆な自分を罪人だと思っている。その「思い」に縛られて自由を失って或は病気し、或は不幸に陥っているのである。神の造り給いし世界に「原罪」などのあるべき道理はなかったのである。既に浄まれる、太初から浄まれる聖霊の受胎したものが「人間」であったのである。我れは浄まれるものである。諸君も浄まれるものである。「かかる人は、血脈によらず、人の欲によらず、肉の欲によらず、ただ神によりて生れしなり」

頭注版㉟九八頁

原罪　original sin　『創世記』第三章に記された、アダムとイヴが神にそむいて禁断の木の実を食べたという人類最初の罪。アダムの子孫である人類はこの罪を負うとされる

道理　物事の正しいすじみち。ことわり

と「ヨハネ伝」第一章にあるのは、ただイエスのみならず、すべての本当の「人間」がそうなのである。私はこの原理を『生命の實相』の中で「人間は未だかつて女性の子宮からは生れない」と書いた。現象的観察はどうであろうとも、人間は子宮から生れたのでも肉欲から生れたのでもなく、神より生れた「神の子」である。神の子には原罪はなく、神の子に病はない。また神は原罪を創造りたまうこともなければ、病気を創造り給うこともないのである。結局本篇の冒頭に掲げたヘーゲルの「キリストなるもの」(Christ Ideal)も、クインビー博士の治癒の原理も、ルールドの奇蹟の原理も、更に『生命の實相』が演ずる奇蹟の原理も同一であったのである。ルールドではこの「人間本来清浄」の真理に到達せしむるために霊泉に浴せしめる。生長の家では「人間本来無原罪」の真理に到達せしめんがために言葉の霊泉『生命の實相』に浴せしめるのである。私は世に勝つ原理として、本来「無原罪の神性なるもの」が受胎せるものこそ「人間」であり、従って久遠不滅、永遠不汚染なるものが「人間の実相」であるという真理をここに読者に伝えてこの章を終りたいと思う。

第四章　実在（じつざい）・理念（りねん）・国家（こっか）・人間（にんげん）

頭注版㉟一〇〇頁

　爰（ここ）にパリサイ人（びと）にて名をニコデモという人（ひと）あり、ユダヤ人（びと）の宰（つかさ）なり。夜（よる）イエスの許（もと）に来（きた）りて言う「ラビ、我（われ）らは汝（なんじ）の神より来（きた）る師（し）なるを知る、神もし偕（とも）に在（いま）さずば、汝（なんじ）が行（おこな）うこれらの徴（しるし）は誰（たれ）もなし能（あた）わぬなり」イエス答えて言（い）い給（たま）う「まことに誠（まこと）に、汝（なんじ）に告（つ）ぐ、人（ひと）あらたに生（うま）れずば神の国（くに）を見ること能（あた）わず」ニコデモ言う「人（ひと）はや老いぬれば、争（いか）で生（うま）る

パリサイ人　イエスの時代のユダヤ教の一派。モーセの律法の厳格な遵守を主張した。イエスによってその形式主義などが激しく批判された

ニコデモ『新約聖書』「ヨハネ伝」に記されているユダヤ人学者。イエスに反対するパリサイ派の一人。ひそかにイエスを訪れて問答した

宰　大臣・宰相・地方長官など、とりしきる地位にある人

ラビ rabbi ヘブライ語。「我が師」の意。ユダヤ教の聖職者。ユダヤ教徒の宗教的・精神的指導者

争で〜や　どうして〜できるだろうか。いや、できない

る事を得んや、再び母の胎に入りて生るることを得んや」イエス答え給う「まことに誠に汝に告ぐ、人は水と霊とによりて生れずば、神の国に入ること能わず。肉によりて生るる者は肉なり、霊によりて生るる者は霊なり」

（「ヨハネ伝」第三章一―六）

一

私の哲学は先ず人間そのものの置換えから出発します。「物」である人間から「霊」である人間へと価値が置き換わるのです。かくの如き価値観の顚倒の後「人間を尊べ、先ず自分自身を尊べ」と申すのであります。人間を尊び、自分自身を尊ぶことが、人間それ自身の置換えなしに、「物」である人間、「肉」である人間のそのままで、この物質の自分を、肉体の自分を、神の子だと思ったならばそれは慢心というものであって、必然的にそこに傲慢

「ヨハネ伝」『新約聖書』中の第四福音書。使徒ヨハネの著作とも後世ヨハネの叙述を編纂したものともいわれる。著者に『ヨハネ伝講義』の著作がある

頭注版㉟一〇〇頁

顚倒　逆さまになること

慢心　おごり高ぶる心

傲慢　驕り高ぶって人を侮り見下すこと

という自己隠蔽(罪)を生ずるのであります。私の説く「人間、神の子、自身を尊べ」という命題は、「肉体無し」又は「肉体は人間に非ず」の命題に先行された時に於てのみ真理であり、この肉体を指すに非ずして「自分は神の子である。自分自身を尊べ」という事が分った場合には決して傲慢になるようなことはありません。否それどころか、肉体の自分の現状が、「霊なる本当の自分」の標準より見るとき、まだまだ足りない自覚が深まっていよいよ謙遜にもなれるものです。内在の真性(本当の自分)の自覚は、自分の現状を測る尺度になるのですから、その測定の標準になる「内在の真性」の自覚が高ければ高いほど現状が低く見えるのは当然であります。

尤も神を自己の内に自覚するといっても、神という観念が人によって色々ありますから、自己の現状を測定する標準にも色々あるわけです。神といえば罰を当てるのが神だと思っている人が、自分の内に神を自覚したならば、自分は神の子だから、自分は罰を当てる役目だと思って人を審判く事ばかり

自己隠蔽　自分自身を蔽い隠すこと

命題　論理的な判断を言語または記号で表現したもの

謙遜　へりくだること。控えめであるさま

尺度　ものさし。物事を評価する基準

やるようになるかも知れません。しかし生長の家でいう神というのは、そういう罰を当てる神ではないのです。吾々の内に神が在る――又は、吾々は神の子であるという事を知る為には先ず神という観念からしっかり把んで行かなければならないのであります。

二

神とは何ぞや、また何処にありやといえば、神社にお祀りしてあると思う人もありましょうし、宇宙に満ちている神秘不思議な力であると考える人もありましょうし、又色々の仏像、観音様の像普賢菩薩の像などの如く祀ってある諸像を指して神々であると思っている人もありましょう。それも神々には違いないでしょうが、生長の家では先ず内在せる神というものを「吾々の内に宿っているところの無限の善さ」と定義いたします。無限の善さ、無

頭注版㉟一〇二頁

観音様　観世音菩薩のこと。最もひろく崇拝されている菩薩。大慈大悲に富み、三十三の姿に変じて人間の一切の悩み苦しみを除くとされる

普賢菩薩　釈迦如来の右脇侍の菩薩。「普賢行願」と呼ばれる十の大願を立てて実行した。左脇侍の文殊菩薩が悟りの知性的側面を象徴しているのに対し、普賢菩薩は実践的側面を象徴し、六牙の白象に乗った姿で表現される

限の愛、無限の深切さ、無限の美しさ――そんな尊いものが、吾々人間の中には宿っているのであります。その無限の善さが少しでも余計出れば吾々は歓びを感ずる。喜ばずにはおれない。そして更にその善さを一層余計にあらわしたい、そして遂に無限にまで到達したく希うところの、無限に対する要求というものが吾が中に宿っているのです。解り易い例を引けば吾々が金を儲ける、百円儲ける、百円欲しいナと思っている時に百円与えられましても、それで満足出来ずに、今度は百円ではつまらない、二百円欲しい。二百円儲けると、又千円欲しい。千円儲けると又千円ではつまらない。一万円欲しい。一万円儲けると又一万円ではつまらない、百万円欲しい。又今度は千万円欲しい、更に一億円欲しいというように、更に更に……無限にまで、その欲望または憧憬が到達するのです。そういうように、吾々のうちには無限に対する憧れが宿っている。無限を発揮するまでは、それを憧れ求めずにはいられない。それは何故であるか？　それは「無限なるもの」が自

百円　現在の約二十万～三十万円に相当する
千円　現在の約二百万～三百万円に相当する
一万円　現在の約二千万～三千万円に相当する
百万円　現在の約二十億～三十億円に相当する
一億円　現在の約二千億～三千億円に相当する

分の中に既に宿っているからです。そして、その無限なるもの――無限の善さ、無限の美しさが、吾々の念のレンズをとおして、意識なり、観念を指導すべく、或る標準を示した場合、これを理想といいます。ですから理想というものは形には見えないけれども、吾々の内部に宿っているのであります。芸術家が絵を描くにしても、彫刻をするにしても、まだ充分自分に内在する「美」が開発されていない時分には、先生の彫刻や絵画を見まして「先生のようにあんなに巧く描けたらいい」と思いますが、だいぶ描けるようになると、まだまだこれでは足りないというように理想がもう一歩前進する。そしてより完全なものを欲するということになるのです。かくして、現象の上の理想の殻が一枚一枚破れて、常により高い理想が内部から掲げられることになります。つまり、理想はそのまた奥にあるところの理念によって動かされ、進化されているのであって、吾々に、絶えず、理想を持たせ、標準を持たせ、規範を持たせている。その「奥にあるところの理念」

規範　行動や判断の基準

が、即ち神であります。この内在の神性——即ち理念——は無限に完全なものですから、現象界でこれだけ到達したら、もうその理念が完全に表現され終ったということはないのです。かくの如くして、現象の上で、内部から現れた理想が飽和されると、自分の奥の奥にある理念と比較して、まだまだ不完全だということになり、今の状態、現れている状態に不満が感ぜられるのであります。そして、こういう思考の過程は理念によって現象を照らし、さらに現象の立場から理念を眺めた場合に導き出されてくる反照作用でありまして、その微妙な反照作用を考慮に入れて、実相、すなわち理念の自性を考察するとき自己内在の神性が判るのであります。

三

現象界の今の状態、即ち現れている状態は常に動いているのです。そして

頭注版㉟一〇四頁

この常に動いているところの、固定しないで変化極まりなき無常なるものが、それが一つの完全な理念に対して、段々近づいて行こうとしているのが吾々の努力であり、精進であります。全ての人間は、たとい悪人の如く見える人でも皆それを目指して進んでいるのです。泥棒となり、殺人をし、人を誑るという行為も、今よりはもっといい生活状態になりたいと思う心の現れです。従って、その底にはより完全へと指導する理念が宿っているのであって、ただ単に、頭脳意識、肉体意識で描いたところのものではないのです。尤も、泥棒や殺人行為がこの場合是認されるわけではない、それは或る理念がひどく歪んで、偏った心のレンズをとおして形に現れたのであって、私は、その奥の根本に宿っているところのものは完全なものであると謂えるということを指すのです。吾々は日常生活に於て、善き行為をしたならば、自分に宿っている一つの標準、一つの理念というものが褒めてくれる。だから何となしに楽しいのです。この楽しい嬉しいという感情はどこ

無常　常に変化し、一定の姿かたちがないこと

精進　ある物事に打ち込んでひたすら励むこと

誑る　あざむく。いつわる

是認　よいと認めること

から起ってくるかといえば、自分に宿っているところの完全な実相が、言葉を換えていえば理念が、その標準によく適うように現れた場合に、或る種の満足を感ずるのであります。そして、その満足感は、つまり、神から褒められたということになるのであって、その現れとする標準が高く、又現れが完全であればあるほど、歓びが純粋であるわけであります。

四

かように、吾々の中には神というものが一様に宿っている。それが理想となり規範となり良心となって吾々を褒めたり貶したりしているのであります。神は、全然自分とかけ離れてどこか遠い所にいるのだと思えば間違いであって、本当は自分の中にあるのです。さればこそ、「朝に道を聞かば夕に死すとも可なり」というような古諺も自然に出てくるのです。「道」即ち宇

頭注版㉟一〇五頁

「朝に道を…」『論語』「里仁」にある孔子の言葉。朝に真理を知ることができれば、その日の夕方に死んでも悔いはないという意

古諺 昔のことわざ

宙に満ちている道（真理）を聴きて、自覚し、悟って、自分の内にあるところの道（理念）と一つになった時には永遠の「大生命」と、自分に宿っている「生命」とが全一して生きる事になるのですから、現象の生命は「夕に死すとも可なり」であって、そういう現象世界の生命はあってもなくても、どうでもいい、それに積極的関心をもたなくなるのです。要するに、自分の生命は、もう永遠に生き通しであり、自分の中に宿っているいのちが、永遠の本体と一つになっているのですから、現象の肉体の生死などは問題でなくなるのであります。『生命の實相』を読んで悟れば病気が治るというのは副産物であって、道に一致し、「死んでも好い」という程の心境になったとき、「道」そのものに病気はないから病気が消えるのです。

　そういうふうにすべての人間の中に宿っているところの理念――無限に完全なる相が本当の神であって、そこから流れ出る万人倶有の理想、規範、標準によって、人間に宿る神なるものは、自分一個人にのみ宿っているのでは

副産物　ある物事にともなって起こる物事

倶有　性質や才能、資格などをそなえ持つこと

なしに、すべての人間に一様に宿っている事が知れるのです。すべての人間に一様に宿っているとすれば、それは宇宙に満ちているわけです。その宇宙に満つる神がいわゆる真実本源の神であります。その神のいのちがすべての人間の中に実相として宿っていてその実相により一層近づかしめるための標識として理想が現れて来る。その理想によりよく近づいた場合に喜びを感ずるのであります。そして、その逆に近づかなかったならば何となく「気の咎め」を感ずる。だから神罰は外からは来ない。決して罰を当てる神が外界にあるのではない。神は我が内にあってその規範によって吾々を賞めたり、気が咎めたりしているのです。かくの如く吾々の内部に宿っている理念としての最高、完全なるものが神です。それこそ本当の、真実不虚の自分なのです。従ってその本当の自分というものを完全に生きたら、今現象界にあるところの肉体の生死は問題でなくなる。ここに「朝に道を聞かば、夕に死すとも可なり」の自覚が出て来るのです。「病気を治してくれ」といわれるの

標識　目印

真実不虚　仏教語。少しもいつわりのない、真実そのもの

は「死にたくない」人、即ち本当の自分――天地の道と一つである自分――を悟っていない人です。そういう人に私は「本当の自分を悟れば病気は治る」という。「病気が治りたいという心を捨てて道を生きようという真実の心を起せ」と私はいう。実際はそうして『生命の實相』を読んで道を生きようという真実の心を起した人の病気は大抵治っているのです。

五

理念というものは、頭の中で吾々が勝手に描いたり、空想したりして作りあげたように思う人があるかも知れないが、それは、理念の現れを概念的に把んで思考をめぐらすから、一応、そう考えられるに過ぎないのです。吾々の、標準、希望、理想、憧憬、その心の現れ以前の真実在が理念であります。そして、それは、前にもいったとおり、すべての生物に一様に宿ってい

頭注版㉟一〇七頁

概念的　個々の特性は見ないで共通点だけを大まかに取りあげるさま

るものですが、それの表現からいえば、アミーバから最高生物なる人間へと発展するが如く、次第に最高へ、無限へ、完全へと、現象的には進化し発展してゆくのです。言葉を砕いていえば、吾々には最高の、完全な標準というものがあって、常にそれによって吾々は導かれている。そういう意味に於て吾々は神の子であり、その実相は既に最高完全なものでありながら、現象的には次第にその実相を人生に実現しつつあるのであります。

吾々は神を信ずればとて、不完全な神、怒りの神、嫉みの神、エホバのような復讐の神――そんな神を規範として真似をし、不完全な自分を生きようとしてはなりません。本当の自分に宿っている最高の理念、完全な相、それを地上に顕現するのが、地上に於ける人間の使命であります。

そこで吾々の使命というものはどこにあるか。使命は、過去にぶらさがっているか、現在にぶらさがっているか、或は未来にぶらさがっているかといえば、それは時間的約束を抜きにすれば成立を見られない現象界に於ては、或は、過去に心に描き、現在に心に描き、未来に成就するものであるけれども、その本当はどこにあるかといえばわが内に既にある理念――完全なる実相であります。その実相が使命感として吾々の内部から押し出して来るのです。実相の世界に既にあるところの形であって、神の言葉によって創造られたところの理念、それが使命なのです。

六

吾々はこのように、人間の内に宿り、国の内に宿るところの既にある最高理念を神というのです。従って吾々の説く神は極めて哲学的な神であります。哲学的な神といえば、冷厳な感じがして、人格的な親しみがないようですけれども、一面に、このように神は哲学的存在でもありますけれども、人格的存在でもあられるのです。それは吾々自身を省察すれば分るのです。

頭注版㉟一〇九頁

冷厳　冷たく厳しいこと

省察　自分自身をかえりみて善悪を考えること

神の子である吾々が、愛と善を身に備えたる人格的存在であるということは、本源の神が人格的存在であるという意味であって、同時に、吾々は、天地の則に即して自己を高め、自己を客観し、自己を整理するところの哲学的存在であり、そしてそれは即ち本源の神が哲学的存在であるということを現しているのです。

しかしながら神の人格的方面ばかりを強調する時には、既成宗教のもたらした臭気が先入主となって、或は迷信臭くなったり、或はセンチメンタルな弱者の自慰的対象となったりして近代のインテリゲンチャには受け容れられ難いのです。宗教家は時代即応の真理を説かねばならぬのです。一方哲学的存在の神であれば知識階級の人にも成程と首肯かれるのです。私は『生命の實相』の中でかかる神を説きました。宇宙普遍の理念として存在する神はいわゆる理としての神であります。天理教などでは、この理に重きを置いて理が神だといい、天理教の名はここに出発したのです。その

既成宗教　古くから信仰されている宗教。伝統的な仏教やキリスト教などを指す

先入主　最初に知った時にできた固定的な観念。先入観

センチメンタル　感傷的な

自慰的　自分で自分を慰めるさま

インテリゲンチャ　intelligentsiya　ロシア語。知識人

即応　時代の動向にかなうこと

天理教　教派神道の一つ。天保九年、中山みきが創始

理というものはキリスト教では義といい、英語でrighteousnessという字、(義しい、宜という意)を以て現しているのであって、正しき普遍的な理として存在するのであり、これは決して曲げる事が出来ないものです。しかし、真実の神は、義であると同時に愛であります。現象上の言葉に表現して説明する場合、義とか、愛とかいって観念的に抽象しますが、この抽象にこだわった時、神が義に固定したり、愛に溺れたりします。本来神は義と愛との渾然とした存在なのです。

理としての神のみを見、神の義の正しさだけを高調すれば、五十の罪に対しては五十の報いと贖いが要求されて因果の法則の中に縛られてしまうことになるのであります。天理教で因縁といい因縁を果す為には本部へ捨身献金しなければならぬと説くは、五十の罪に対して、五十を贖わなければ赦されない「義としての神」を強く説いたのです。しかし愛としての神は、動きのとれない因縁を自由に曲げる事が出来、それは人情深いところがあ

抽象　個々の物事から共通の要素を取り出して一般的な概念をつくること

高調する　強調する

り、寛容であり、五十の罪を犯しても、「私には五十を償う力がないから十にして我慢して下さい」とお願いしたら、十にして我慢して下さる。又そのまま罪本来無き超越的な神の中に包容して赦しても下さるのであります。

神はこのように一方では曲げられないところの義であると同時に、自由自在に曲がるところの愛でもあるのです。そして、義の神、又は理の神は哲学的存在です。ところが愛としての神は自由自在に曲げる事が出来、観世音菩薩の如く三十三身に現れて、どんな罪でも慈愛の力で無に化してしまうのです。罪悪深重、小慈小悲もなき五濁の凡夫も念仏すれば救われると真宗で説くのも、ここから出発するのです。

七

神を理として拝するか、愛として拝するか――それは見る人々の心によっ

観世音菩薩　本書一五一頁の「観音様」に同じ

罪悪深重　煩悩を断ち切ることができずに深く重い罪を犯しているさま。親鸞の教えを記した『歎異鈔』にある言葉

小慈小悲　親鸞聖人の和讃にある言葉。少しの慈しみや愛

五濁の凡夫　仏教語。五濁にまみれた愚かな人間。五濁は末世に現れる五つの汚れた不幸な現象

真宗　浄土真宗。鎌倉時代初期に法然の弟子親鸞によって立てられた浄土教の一派。阿弥陀仏による救済、他力本願を宗旨とする

頭注版㉟一一一頁

て相異して来るのですが、理と愛とは一見矛盾するようでも、そこに一如倶通の流動的調和があって無相にして無限相なる神が却って自由自在にその働きを顕現することになっているのであります。それを形容して私は「流るる不動」の相といっているのです。「流るる不動」とは、いわゆる不立文字でありまして、この場合には「動かない」と素朴に解釈すべきではありません。又、人間知による論理的方法によって、思索的に、概念的に縛りつけてもいけないのであります。神は、自由自在であるが故に、義と愛とを一身に体現し給うのです。そして相手によってどんな相にでも現れるのです。これを応化神といい、宇宙最高の理念である神が相手に随って応化して現れます。その応化の働きとして、色々の宗派というものが生れたのです。宗教宗派の別は神の「義」と「愛」との混合のパーセンテージだと見られないこともありません。

神は時代に随い、民族に随い、或は民族の教養、文化、習慣、伝統など

一如倶通　一つのものとしてともに通じ合うさま

無相　姿かたちのないこと

不立文字　仏教語。悟りの境地は文字や言葉では表現できないので、心から心へ直接伝えられるものであるということ

応化神　相手に応じてさまざまに姿を変えて現れた神

パーセンテージ　percentage 百分率

に随って、それに調和した相をもって相手を救う為に今迄もあらわれたし、今も又あらわれているのです。二千年前のユダヤ民族にはキリスト教という相が必要であったから、イエス・キリストと応化して現れ、又二千五百年前のインドには仏教という相が一番相応わしかったから、釈迦牟尼仏として応化して現れたのです。各時代を通じて色々の宗教、宗派が現れ、その教祖の説くところの説き方が、それぞれ変っているのも、応化の働きであって、必ずしも他宗と認めて排斥すべきではありません。今迄諸派の宗教が互に他宗的対立を示して相克抗争していたのを、生長の家はすべて一つの神の応化の作用と見ることによって帰一和合せしめることに成功したのであります。

神は愛であり義であり給うが故に、観世音菩薩のように慈悲深き姿をもっても現れ、不動明王のように縛る綱と、刺す利剣の厳めしい姿をもってでも現れて来られます。意地悪く見える姑さんの姿は実は仏さまであって、不

釈迦牟尼仏　釈迦のこと。「牟尼仏」は尊称

相克　対立したり矛盾したりする二つのものが互いに争うこと

不動明王　真言密教の本尊である大日如来の使者とされる五大明王・八大明王の主尊。一切の悪魔や煩悩を滅ぼすために忿怒の相を現す

利剣　よく切れる剣

厳めしい　荘重なさま

姑　夫または妻の母親

動明王の利剣の働きです。これらは皆対境に従って応化の姿が変るのであって、神又は仏とは常に剣を持ち、常に剣を持った不動様のような恰好かといえばそうではないのです。吾々は神の応化と実相とを混同してはならないのであります。神は愛であり赦であると説くキリスト教に於ても、キリストがエルサレムの宮で、商売する者や両替する者を、宮を汚すものとして怒り給いて宮の外に追い出されたことなどは、神が利剣をもってイエスに現れ給うたのであります。神は優しくして厳めしく、愛であり、義であり、その応現は対境によって異ってまいります。

しかし、応現の神は如何にともあれ、実相真実の神は時空に縛られるということもなければ、消え、生じて又滅するということもない。時間的流れ、空間的表現を超越せる理念的存在であります。然るに現れとしての神は時間空間の流れや約束の中に忽然として顔を出して、相手の対境に随って適当な姿を呈し、吾々を済度せられるのです。

対境　対象。相手

エルサレム　パレスチナの中心都市。現在、ユダヤ教・キリスト教・イスラム教それぞれの聖地

応現　相手や目的に応じて様々に姿を変えて現れること。応化とも言う

忽然　にわかに。たちまち

済度　人々を迷いから解放し魂を救うこと

本源の神は一面からいうと、実在を支えているところの原動力ですから、造り主として観る事も出来ます。しかし吾々の目に見えるこの不完全な物質世界を造り給うたわけではないのです。それはあくまで、最高の理念の世界を造っているところの神であるのです。第一創造の「理念の世界」の上に霧が地上より立ち昇って全体を覆うた、という事が「創世記」第二章に書いてあります。その迷いの霧が実相を覆うてしまい、その迷いの霧から辛うじて実相の相を仰ぎ見ているのがこの現象世界なのです。ですから吾々は大抵の人間を見るとき、かすかに仏性が見え、神性が聯想されるだけで、大部分は利己的であったり、殺生、偸盗、邪悪、姦淫、到らざるなき愚な姿に見えるのです。親鸞聖人のいわれた「煩悩具足の凡夫」です。されど私の哲学ではそういう悪い相は本来ないというのです。それは五官の眼で見れば判らぬ。五官は無常なるもの、次の瞬間に捉えんとすれば既に変化している現象のみしか知り得ないからです。かかる現象の雲の切れ間に

聯想　ある物事から関連した物事を思い浮かべること。連想

殺生　生き物を殺すこと

邪悪　心がねじけていて悪いこと

姦淫　女性を犯すこと

到らざるなし　思い到らないことのない

親鸞聖人　承安三～弘長二年。鎌倉時代の僧。浄土宗の開祖法然の弟子。浄土真宗の開祖

煩悩具足の凡夫　妄念や欲望にとらわれて悟りに至っていない愚かな者

ぱっと閃いてくるところの微光の中に吾々は本当の実在界を見る事が出来るのです。これを「創世記」的にいえば霧のようにモヤモヤと曇りのかかっている念のレンズ、即ち脳髄組織を縁としている吾々の知覚や感覚の裂け目を透して、ひょっくり輝く直観によってのみ、実在の国、人間、理念を見る事も出来るのです。その直観の中に吾々は成程人間は神の子であり、神の大生命と一体であり、この世界は仏の世界であり、神の国土である、このままこの現象の奥の世界は完全な世界であるということが分るのであります。この世界が神の国であり、蓮華蔵世界であり、そこに住む人間が悉く神の子であることもこの直観に於てのみ判るのであって、現在、物質に顕れている状態をそのままアルと見ているような唯物論では、宇宙の実相も、神の子人間の実相も解るものではありません。

微光　かすかな光

第五章　粟粒結核も親の心で治る

頭注版㉟一一六頁

粟粒結核　肺結核の病巣から結核菌が血流によって運ばれ、他の臓器に多数のあわ粒大の結核結節を作る疾患

一

頭注版㉟一一六頁

私は「生命の実相」の哲学がどんなに現実生活を改変する力があるか事実を見よ、と第一章に書いておいた。私は今、次に事実の興味深きもの一つを

挙げようと思うのである。唯、単に「結核が治りました」という礼状なら無数にあるが、ここに挙げたのは、デリケートな感情描写が、それが偽り物でないことを明かにしているし、読み物としての飽きの来ない、引摺って行くような興味を有っているからである。この実話は、昭和十一年秋生長の家本部講堂に来て本人がお礼のために話されたものであるし、速記者は倉橋公宣君で、その席に他にもこの話を現場で聴いた多勢の人たちがこの話が真実であることを実証している。

＊　＊　＊

私は最近お光を戴きまして癒された一人でございます。私は横田美智子と申します。神戸の方に住っております。昨年来腎臓結核を致しまして早く手術をしたならば治ると医者からいわれましたが、どうも手術致しまするのがいやでございました。そのいやと申します原因は、実は私が誌友にさせて戴きましたのは当時五月頃でございます。しかし、子供を通じまして昨

偽り物　いつわりの物

腎臓結核　腎臓への結核菌感染症

年の十月から『生命の實相』を読ませて戴きました。読ませて戴いておりましてもまだ悟るという事は出来ておりませんでしたが、その子供が『生命の實相』に依りまして救われた事を通じて自分も同時にこの教え、この御本を拝見してこの教えに縋って行ったならば必ず救われると思っておりましたからでございます。その子供と申しますのは当年十一歳になります。それが昨年八月頃、始は盲腸のような状態でございましたが、結核性腹膜炎になりまして、それからだんだん悪くなって参りまして、九月の末頃には粟粒性結核と申しまして、全身のリンパ管に粟粒のようなグリグリが出来るようになりました。こうなると三人の医者も、もう絶対に望みはない、絶望だという宣告を下しましたが、当時お知合の方から月刊雑誌『生長の家』を送られまして、この本を読んで聞かせられたら病気が治るから、是非一つ読んで上げて下さいというお話。それより先、医者はもう絶望だと申しますけれども、私は子供をどうかして生かしたいと思って、その前に私は日蓮宗に

リンパ管 老廃物を回収して細菌ウィルスから身を守る免疫機能をもったリンパ液の流れる管

日蓮宗 鎌倉時代に日蓮が開いた仏教の宗派。『法華経』を根本経典とし、題目「南無妙法蓮華経」を称える

帰依しておりましたので、医者から絶望の宣告を受けました時に、その道の行者さんに伺いますと、『法華経』の中の「観世音普門品」を一日十五回、「授記品」を毎日十回ずつ誦めたら救ってもらえるということを聞きましたので、毎日明けても暮れても『法華経』を誦んでおりました。その子供がどういうものか、そのお経を聞きますと、非常に楽になるのでございます。粟粒性結核などと申しますと、発熱も九度台を往復致しますので衰弱が激しゅうございますし、なかなか又苦しいもののように見られるのでございますが、その苦しみの最中にお経を聴きますと、大変楽になりまして眠みました。又痛い所などあります時には、

「ママ、どうぞお経誦んで頂戴、お経誦んで頂戴」と申すのでございます。そしてお経を誦んでやるとよく眠みました。そんな体験があるものですから、生長の家の本を知人から拝借致しまして読んだだけで治るといわれました時に、別に疑う気も起らず、早速全集を買い求めました。

帰依　神仏を信仰してその教えを拠り所とすること
行者　仏道を修行する者
「観世音普門品」『法華経』全二十八品のうちの第二十五「観世音菩薩普門品」の略。通称は「観音経」
「授記品」『法華経』全二十八品のうちの第六

「この御本は、今までお経誦んでも、お経というのは何一つ意味がわからないけれども、それでもお前の身体が楽になった、この御本は解り易く書いてあるからお前にも意味が解るかも知れぬ。また書いてある事が解らなくても、この御本を読んでそれを伺ってくれただけでも病気が治るという。お前聴くかい？」と私は申しました。

「聴く、ママ」と子供は申すのでございます。

それから読み始めました。お恥しい話でございますけれども、私は読んでいながらその真理がよくわからないのでございます。ところが子供の方が先にわかりまして、

「ママ、僕病気と異うね、僕は神の子なんだ、神の子に病気はないね」と子供は申しました。

「ああ、そうだよ」

「ママ、熱が出るということは病気と闘う時に熱が出るのですから、熱は出

ても好いねえ。痛いということは治る為に痛いのだと御本に書いてある。僕安心した」

「そうだよ」

「そうだったら、僕に九度熱が出ても僕怖いことはない」と申します。それから医者が身体のあちこちを押えてみて、

「君、ここ痛いか?」といいますと、

「痛くない」と申します。今まで痛かったのでございまして、それが痛くないと申しますから、

「君、本当に痛くないか?」

「痛いのは痛いけれども、ママが読んでくれた御本に、痛みがあるから病気が治るのだと書いてあったから僕辛抱する」と申しました。

それが昨年の十月でございます。私、まあえらい事この子供は申すと思いました。それから子供の元気が非常に異って参りました。それまでは御飯

なんか戴いても嘔しておりまして、本当に骨と皮とに痩せまして、医者からいつ息を引きとるかも知れん、注意を怠らぬようにと申し附けられておりましたから、私も一週間位の間と申すものはほとんど一睡もしないで、子供の顔ばかり見て暮しておりましたが、それを読み始めましてから私も安心して夜分も寝られるようになりました。医者がいらっしゃいまして、脳症を起すかも知れないからそれを診るのだと被仰って、子供にこうして首を上に反らせたり俯かせたりなさいます。それが今まで子供には痛くて堪えられなかったので、医者の顔見ますと子供はいつも顔顰めておりました。ところが「自分は神の子」だという自覚を得ました時に、医者が首をこうなさいましても、少しも嫌がりもせず、自分で首を上下して体操のようなことをするようになりました。それからと申しますものは、自分は神の子で病気はないという信念を得たものですから、一向病気を苦に致しません。それから何かお店から食べさす物でも持って参りますと「これ食べたら僕治るのだ。こ

脳症　高熱や重病のために意識障害や痙攣などを起こした状態

れ神様から貰ったのだから」と子供は申すようになりました。そしてどんな食べ難い物でもよく戴きます。昨年の、九月の二十日頃はもうかなりひどくなって参りまして、ちょうど絶望だと申されたのが十月五日か六日でございます。それから御本拝見致しましたのは十月の月初だと思っておりますけれども、それからどんどん恢復致しまして、十月の十一、二日頃には平熱になりました。それからぼつぼつ部屋の中を膝でにじり歩けるようになりました――膝蒲団を拵えまして、これを膝に附けまして初めて漸く一つ歩けた位でございます。十日経ちません中に部屋の中を動き、十一月末には部屋の中を元気に歩くようになりました。その前にはこれが奇蹟的に治っても三月迄は学校へやることはならないし、そうしてその後には、何か滋養注射のようなものをするとか、温泉へでもゆくか、相当の事をしなければいかんと思っておりましたけれども、又医者もそう被仰って下さいましたけれども子供がこれだけ健康になったのですから、このままやってみたいと医者に申し

にじり歩く　座ったまま膝を使って少しずつ歩くこと

ました。それから注射はカンフル一本致しません。しかし家で出来るだけ食べ物なんかに気を附けて十二月一杯は痩せたなりに丈夫になって参りまして、この分なら一月から学校へ出してもいいかも知れんと思いました。昨年は三年生でございまして何しろ八月二十一日から病んでおりましたものですから二学期は全部お休み、三学期を休みましたらどうしても一年損しなくてはなりませんので、本人も学校へ参ると申します故、私も大丈夫だと思って、昨年は御承知の通り大変お寒い冬でしたけれども、それを一月から学校へ通わせ始めましたが、お蔭様で本当に風邪一つ引きませんで、とうとう通い通し、この年の五月には体格甲でございました。只今も立派な身体をしていて、なかなかそんな生死を争う病気をしたような子供には見えません。誠に有難いことでございます。

この子供が十一月から快くなりますと同時に私が悪くなってまいりました。私は子宮外妊娠のために、四年前開腹手術を致しまして以来、左の足

カンフル　オランダ語。病人の心臓の働きを強める医薬品

体格甲　体格に関する評価で一番上の段階

子宮外妊娠　受精卵が子宮体部以外の場所に着床して発育すること。卵管破裂または卵管流産を起こす

がったり、色々故障が出来ておりました。それを自分は手術した結果だとそんなように思っておりました。その中に子供が患ったものですから、子供の方に気を取られて、自分の身体は忘れておりました。子供の時に三回目に立会って下さいました医者が「子供の方は絶望だけれども、あの親も大分ひどくなっているから、まだ他にも子供があることだから、親を助けるという意味で子供を病院へ入れたらどうだ」こういって主人に勧めて下さいました。主人も、

「そうか、それならもう子供の方は仕方がない」と申します。

「それじゃそういう処置をとりましょうか」と私は仕方がございませんので、私から子供に病院へ入れる相談をしたのでございます。すると子供は病気の悪い盛りでありましたが「パパ、僕ね入院するのもいいけれども、入院したら僕よりもっと悪い病人があるから、うつるよ」と申しました。子供は自分の容態が余程悪いのでございますけれども、何となしに気が進ま

ないらしいのです。

「そんな事はない、お前だけ入れる特別な部屋にするよ」と主人は子供に申しました。子供は何となしに行くことを好まない様子で黙っておりました。

実は私共は須磨に住んでおりましたものですから、須磨浦療養所のその別室の方を拝借するということに略きまりまして、そこへ入れようと思っていましたが、本人が何となしに気が進まないらしいですから、主人は又考えて、

「絶対他の人はいない、お前だけの部屋を借りてあるんだよ。だから人のが伝染るなんて絶対そんな事はないよ」と申しました。

子供は尚しばらく考えておりましたが、

「パパ、そんな事いうけれども、——僕みたいなもの動かしたら又熱が出るよ」と申しました。その頃子供の体温は五度から九度台を往復しておりました。

須磨浦　兵庫県神戸市須磨区の海岸線の景勝地

須磨浦療養所　明治二十二年創立の須磨浦療病院を指すと思われる。日本で最初の結核療養施設であった。現在の須磨浦病院の前身

主人は困った顔をしておりました。私と致しましてどの道いけないものなら、人さまの御厄介にならいで後に心残りのしないように自分で出来るだけの事をしたいと思っておりました。始から本人は病院に入るのはいやだというのでございますのに、病院へ入れて、自分で世話出来ないで若しか別れることになるかと思うと、死んでも好い、この子を最後まで自分で世話したいと思いました。

「パパ、そんな事いっても病院に入ったらお金がかかるよ」と、その時子供が申しました。主人はそれでも行けとは申せませんので黙っております。私なるべくそうはしたくないと思いました。というのは家におりましたら、医学を以ていけないものだったら、当時私は日蓮宗をやっておりましたから、色々護符を戴かせましたり叶わぬまでも何かにお縋りしたりすることが出来ます。病院に参りましたら、それすらするわけに参りませんから、出来ることならやりたくなかったのでございます。そう致しましたら子

護符　神仏の加護がこもった、病気や災厄除けなどのおふだ。おまもり

供が「病院に行ったらお金がかかる」と申してくれました。どうせ僅かしか保たない命なら何もそんないやな思いをさせてやっても仕方がない。とうとう病院にやりませんでした。子供が行きたくなかったのは、私としても子供としても大変な仕合せに恵まれることになりまして、人から生長の家を知らされて、只今申しましたようにどんどんよくなりました。そんなわけで只今は本当に健康児になっております。

　子供がよくなりますと、同時に今度は私がどうも工合が悪いのです。子宮外妊娠の手術以来健康がすぐれず足が攣ったりしていたのですから、その手術の方の関係だろう、婦人科の方の関係だろうと思いまして、神戸でも婦人科の方ばかり行って診てもらうと、手術の結果はよく上っていて、別段他に間違いはないと被仰るのですけれども、どこか自分は悪いのです。或る日、今まで子供の時診てもらっておりました行者さんに逢ったのです。行者さんは私の顔を見ておって、（十一月五、六日頃かと思います）「奥さん、あなたそのままにしておいたらいかんね。そのままにしておいたら来年の四月頃どうかわからんが」と被仰るのです。こういわれる迄は工合が悪いのを押しておりましたけれども、そんなにまで悪いとは思っておりませんでした。行者の言葉をきくと急に私は自分の命が思わしくなくなって参りまして、専門家に行って診て戴く為に、東京の方に昨年の十二月十日頃出てまいりました。それから婦人科の川副さんの方に出まして診ていただきましたところが、御診察はまあ同じようなものでございます。どこでも尿なんか検査して下さいませんで、どこでもおわかりにならないし、それで今度は親戚の方が心配致しまして、「内科にかかってみたらどうか、婦人科ばかりでもいかんから」と申されます。それから内科の方に診て戴きました。尿を顕微鏡にかけましたところが尿に結核菌がいます。私自身は、それまでそれ程つらいとは思っておりませんのでしたけれども、「ひどい膀胱カタルが起っている。よくそれで我慢していた。服薬の結果に依って何か変化があるだ

膀胱カタル　膀胱炎に同じ。頻尿、尿混濁、排尿後の疼痛などの症状を呈する

ろうから、それから後にしよう」と内科の先生にいわれました。自分の身体は来年四月頃はどうかわからんといわれたこともありますし、どうせ子供のあの病気さえも助けて戴けたのであるから、一つ御本にお縋りしてみようと思いまして、それから『生命の實相』の本をかなり熱心に読ませて戴いておりました。しかしその当時まで誌友には入りませんでした。

十三日に診て戴きまして十四日の昼汽車で神戸に帰りました。そう致しましたら名古屋の辺に参りました頃から、お腹が痛み始めました。いつもそれまで左足がつりまして、下腹の辺によく差込がありましたのが手術後の故障と思い、前にはそれをちょっと温めると治っておりました。それが又名古屋頃から起り始めまして神戸に参りますまで脂汗を流して帰って参りました。帰宅しまして、その晩休みまして十五日になりました時、失礼なお話でございますが、尿道からこの小指程の血塊が下りました。その時自分はそう思った、内科で診て戴いたら服薬を始めたら変化して来るかも知れんとい

差込　胸部や腹部などの突然の激しい痛み

われたから、或はそれかと思ったのでございますけれども、『生命の實相』の御本を汽車の中でずっと拝見しましたから、これが病気の自壊作用ではないかしらとも思いましたので、そのまま唯安静にして自分は割合平気でおりました。それまで主人が私の身体という事については随分心配してくれまして、そういうものが出たということを申しましたところが「それじゃ大変だ。そんなものが出るのは癌か結核のほかにはない。一遍それでは専門に行って診てもらえ」と申します。私はまだそのままに致しておりましたら、その次十二月二十八日に、もっと大きな血塊が一つ出ました。それはほとんど、この中指程の、まるで肉片のような塊でございました。そんなものがよく尿道から出たと思いました。自分はもう別に少しも恐怖を感じておりませんでしたけれども側の者が心配致しますので、暮れの三十日に専門医に参りまして膀胱鏡を入れて中を診てもらいました。専門医は「左の方の輸尿管の入口が無理に口を大きくしたようになっている。どうも膀胱には結

自壊作用　本書五〇頁「ケミカライゼーション」の訳語

輸尿管　腎臓から膀胱に尿を送る管。尿管

核性の傷があるのだけれども、膀胱だけで結核を起すということは絶対にない。上から、腎臓から下りて来るのだから」と申されます。尚よくしらべて戴きましたところ、右の腎臓から綺麗なものが出て左からは濁ったものが出る、これを治すにはその悪い方の腎臓を剔出してしまう他には絶対に方法がないということでございました。

「手術したら死ぬかも知れない」

その頃私が死という観念に捉われておりました理由は、主人の叔父になります者が子供を――上が二十から下が十位の子供を――四人置いて両親とも死んでしまいまして、私共はそれを後見することになりました。その叔父は横浜でかなりの材木店を致しておりましたのですが、その時私共は神戸に住んでおりますし、主人は船舶関係の仕事を致しておりますので商売が全然異いますし、後見を頼まれました時には、子供が上が二十でございましたが、それが、昨年八月呼吸器病で死んでしまい、その次のが今年十六で、

剔出　手術して取り出すこと

後見　親権者のない未成年者や成年被後見人などの財産管理や監督・保護の任にあたること

その同じ病気でございますから、どうしても不安でございます。私は商売を整理してもらって幾分でもお金を信託なり何なりに入れて子供の教育費という事にしてちゃんと始末してもらいたいと思うのでございますが、主人は子供達が望みだからしっかりした人が一人その商売の後見をしてそれをやらせてみたいと申します。それでもしその店が間違いなくやって行ってくれれば宜しいけれども、もし何か間違った場合にはその子供を私の方は背負わなくてはなりません。

　私が生きておりましたら、叔父の義理を思いましてどんなことをしてでも、自分の家の中でごちゃごちゃしていても育てて行くという誠は持っている心算でございますけれども、万一自分が死ぬような事があった場合には宅に四人もおりますところへ後に親戚の子供三人では、それをなかなか男の手一つでゆけるものでないから、ここで安心な方法を採ってもらいたいということを無意識に主人の兄弟に申しておりました。そこへ持って来て自分

信託　他人に財産権を移して一定の目的に従ってその管理や処分をまかせること

は病気しましたものですからああいうふうに、自分は何となしに予感的に「死ぬ死ぬ」と自分が何者かからいわされていたということは、自分は今度は「駄目だ」ということを無意識に感じておっていっていたんじゃないか——とそこへ結び附けてしまいまして、「死」という観念からどうしても離れられないのです。「今度こそどうも起てないのじゃないか」という考えが思わず知らず心の奥底から浮び上って来るのでございます。それをどうにか転回したいと思いまして『生命の實相』を一所懸命の心持で読まして戴いておりました。ところが又、主人に致しましても、全ての事柄が死という事を聯想させるような事ばかりが耳に入るのでございます。「そのままにしておいたら死んでしまうよ、死んでしまうよ」とよく主人は申しました。主人に逆らって万一死んでは申訳がない、同じ死ぬ位ならば出来るだけのことをしたら主人の諦めもつくだろうと思いまして、一月の十日に手術すべく入院したのでございます。覚悟はしていましたけれども、手術の二日程前

転回 方向を正反対に変えること

に「死」の言葉を本当に一つ一つの言葉言葉に今度こそは死ぬということを聯想することをいわれますので「ああやはり自分はいよいよ今度は起てないのだ」と感じました。すると、再び起てない位なら、そんな手術したり、痛い思いしたり、お金使ったり、そんな事しないで半年でも一年でも生き延びていたいという気持が今度は出て参りまして、とても手術が嫌になってまいりました。

二

ところが都合のよい事に神戸の病院へ入院致しました翌日から八度六分程熱が出ましてどうしても引きません。解熱剤を服まされましたが、それでもどうしても熱が引きません。そして御飯がこれっぱかしも戴けない。身体が益々衰弱してまいります。私はこんな調子では手術してもしないでも駄目なんだという感じが出てまいりまして、駄目なものならもう一遍家へ帰ってみたいと思いまして、ちょうど手術を十二日にするという事になっておりましたのですが、体温が七度以下に下るか、七度以上でも七度五、六分に下りましたら手術出来るそうでございましたけれども、どうしても熱が高うございますので内科の方で診て戴きましたら、胸の方も他には故障がない熱の原因がないといわれますが、それだのに熱が七度以下には下りません。とうとう二十六日まで入院致しておりましたが、ついに手術出来なかったのでございます。それで「一遍気分換えに帰ってみたいのですが」と先生にお願い申しましたら、「それもいいだろう」と被仰って家へ帰りました。

家へ帰りますと翌々日あたりから午前中は熱が出なくなりました。夕方だけちょっと熱が出ましたが、それも二月二日から平熱になりまして、食事もよく摂られるようになり、体力も回復して参りました。すると主人が、「体力が回復したのだから、早く切ってしまわないと手遅れになる、手遅れになる」と申します。ところが私、折角ここまで来たのであるから、どうしても切らないで助かるような気が致しておりましたが、愚図愚図している中に三月四月になりました。主人も已むを得ず内科の方に御相談しましたら「今は手術が一番完全だけれどもレントゲンかけても治って成績が上っているのを知っているから、手術が嫌ならレントゲン療法したらどうです」と、その医者がいってくれましたので、大阪の日生病院に四月一日からずっとレントゲン療法をやって戴きました。自分は御本を読ませていただいておるので、そんな事しないでも救かるような気がするのでございますが、ともかくレントゲン療法と『生命の實相』を読むことを続けておりましたが、本を読むお蔭でございますか、体温が七度五、六分になりましてもお風呂に平気で入りましたし、八度、九度近くなりましても食欲に変りはございませんでした。尤もその時分は幾分ずつ解熱剤は入っておったようでございます。およそ一ヵ所五回ずつ、レントゲンにかけて戴きました。右の方は

レントゲン療法　レントゲン線（X線）の透過性と組織破壊性とを利用して放射し、癌などの悪性腫瘍、痔核などの血管腫、慢性扁桃腺炎などの治療に用いる療法

日生病院　大正十三年に日本生命保険が設立した財団法人が大阪市に設置した病院。現在の公益財団法人日本生命済生会日本生命病院

始めはいいというわけでございましたけれども、レントゲン写真に撮った時に右も冒されているということでございましたので、左と右の腎臓部と膀胱部と二ヵ所一週間置きにかけることになりまして、一ヵ所五回ずつかけたらしばらく休んであとは二週間に一遍位ずつ一年か二年かけたらいいだろうというお話でございました。ところが、五回かけてもだんだん悪くなるばかりでちょっとも快くなりません。自分は御本を拝見しておりまして自然療法がいいという気持がしておりました。ところがだんだん今度は排尿がひどくなりまして尿道痛がひどくなって参りました。一日の尿の回数が七、八十回、ほとんど眠んでいる暇がございません。排尿の前後に昼夜通じての痛みでございます。それは何と申しますか、とても痛みが堪らない。出ました小水が濁って膿のようです。排尿してしばらくすると、それが片栗粉のようにどろどろになってしまいます。これはどんなものだろうかしらと思いましたが『生命の實相』を読ませて戴きましたお蔭で死という事を考えましても、ちょっとも恐怖を感じなくなりました。今迄は他の軽い病気で休んでおった時でも色々取越苦労致しましたのが今度は今までと異いまして、自分の事についても、子供の事についても、神様が好いようにして下さるというような安らかな気持になれたのでございます。自分が死に直面したような気持になった時にも、一つも恐怖心を感じませんで、死んでも霊になって守ってやるという気持で比較的に落着いていられたのでございます。私、七月という月には子供二人亡くしておりまして、二人とも七月でございますので、今年の七月、子供の命日には自分が逝くような気になって参りました。私は死という事を恐ろしいとも何とも考えておりませんのでございますけれども、死ぬ前に一つだけ知っておきたいことがある、それは病気というものは自分の心の間違いから出るということを御本を読んで知らせて戴きましたので、自分では悪い考えを持っておらないように思っておりますけれども、この病気がどういう気の附かない悪い心持から起っているか、是

取越苦労　将来のことについて無用の心配をすること。本全集第十三巻「生活篇」下巻所収の「取越し苦労するなかれ」等参照

非一つ子供達の命日までに一遍東京に出て、谷口先生に一遍お目にかかって、その心の間違いを直したい。たといそれから死のうと生きようと自分は何にも思い残すことはないという気持になって、医者に頼んでみたのでございます。お医者さんの方ではこれはちょっと難かしいと思っていらっしゃるかと思いましたが、お頼みしてみますと、それも気分を換えるのにいいでしようと被仰って下さいました。

いよいよ七月が近づいて参りました。六月の末頃に私はどうしても完全に坐ることが出来ないような状態でした。何か右寄りの方に、膀胱の右寄りの方に何か出来ているような感じがしまして寝るか立っている以外は腰掛ける事も坐ることも完全に出来なかったのでございます。それがどうも不思議でございました。毎日解熱剤のようなものを服んでおりますので、一遍一つ解熱剤を廃めてしまったらどの位一体自分の熱は上るものかやってみようと思いまして、医者に内緒で解熱剤を廃めてしまいました。そう致しましたら、今迄解熱剤で無理に熱を下げていた反動で、だんだん熱が八度二分あたりから八度八分まで上りました。ところが今度八度八分に上りました日にちょうど拇指程の血塊が、それは、血塊というよりも肉のような塊が痛まずひょっこりと出たのでございます。そう致しましたら右寄りの痛みが幾分楽になりまして、それから坐れるようになりました。熱が高いのですけれども、私は有難いことだと思って寝台の上に坐っておりました。八度八分も熱が出るものですから、医者が心配し始めまして「どこから出た熱かしら、しかしどうも右の方でないらしい」などと色々に患部を探した揚句に、右側の肋骨下に濁音があるという事が判りまして、そこへ湿布させられました。熱も八度八分位ある、湿布してる。そこへ主人が参りまして「これはいよいよ来てしまった。これはもう駄目だ」と思ったらしゅうございます。「どうもこういうふうに近代医学を無視してしまって手術を嫌がる者には薬のつけようがない」と主人は残念そうに申すのでございました。その前から

反動　ある動きに対して生じる反対の動き

濁音　患者の胸や背などをたたいてその音で診察する打診で生ずる濁った音

私は東京に行きたい、東京に行きたいと申しまして許しを受けておりました。ところが解熱剤を廃めた反動で熱が上り始めたのでございますが、主人はそんなことを知らないものですから、私がそういう身体で東京へ行きたいなどというものですから「本当に我儘な病人で手がつけられない」と、困っておりました。それから一週間程致しますと、解熱剤を廃めた反動もとれたと見えまして熱が自然にだんだん下りまして一週間目には一時平熱になりました。それから後私が解熱剤を服まないという事が病院でわかったものですから、解熱剤を入れなくなりました。前は同じように七度五分を中心に上下する熱型を辿っておりましたが、それ以来体温は却って低くなりました。不思議なこともあるものです。幸い熱が下りましたので、私はどうしても東京へ行きたいと申しましたら「もう駄目なものなら一つやってやろう」ということでようやく許しを得まして、八月十二日に生長の家本部へ病院から直ちに来さして戴きまして、先生にお目にかからして戴きま

熱型 病気の時の体温の変動を記録したグラフ

した。

「それはあんた夫婦の心の争いの熱ですよ」と先生は被仰いました。私主人に対して争うことはたくさんございましたけれども、自分ではそんなに悪いつもりはなかったのでございました。やはりそのために熱がどうも完全に引かないのだとわかりまして、ああやっぱりいい事を承ったと思いました。その当時一日何十回となく排尿してその前後に痛むものですから、ほとんど不眠でございました。夜分寝られません時は御本を拝見しておりまして並んでおりました傍の者が、そんな事をしていたら神経衰弱になるという位でございました。ちょうど月末まで東京の知合の所に厄介になりまして、それから大阪に帰って主人のいう通りに、争う心をやめて日生病院に帰って参りました。ところがそれでもなかなか痛みが除れないのでございます。やはり自分の心が駄目であったのでございます。どうしても痛みが除れません。痛みを和げる方法と申しましたら、コカインにグリセリンを混ぜ、

神経衰弱　心身過労などを誘因として神経系統の働きが低下し、神経過敏・脱力感・不眠などの症状を呈する疾患。アメリカの医師G・M・ビアードが一八八〇年に初めて用いた用語

コカイン cocaine コカ葉の主成分で麻薬の一種。局所麻酔剤としても用いられる

グリセリン glycerine 脂肪または油脂を分解して得られる無色透明で甘みと粘り気のある液体。医薬品、爆薬、化粧品原料、潤滑剤等に広く用いられる

尿道から注入して痛みを除るより他に方法はないのだそうでございます。そんなことをしていたら決して身体にいいとは思えないから、ちょっと堪えてみようと思いまして、御本拝見しておりまして、夜分でも寝台へ両手をついて凭り掛ったまま、三時間でも四時間でも寝台の上に『實相』を披いて読んでおりますのでございます。それでも不思議に堪えてゆけましてそれだけでも、本当に私嬉しいと思いました。それから八月十五、六日頃だと思いますが、その時あまり痛いので、一遍どなたか近くの誌友の方にでもお話伺ったら又自分の心ももっと変って来るものじゃないかしらと思いまして、それから色々名簿を繰りましたところが、一番日生病院へ近い所にいらっしゃる方で、三宅さんと被仰る当時大阪白鳩会の会長さんをしていらっしゃいますが病院からとしては一番お近いので、電話申上げて、

「お世話でございますが、来て戴けませんでしょうか」といいましたら、三宅さんは比叡山の生長の家指導者講習会からお帰りになりました当時で、

『實相』　『生命の實相』の略

白鳩会　昭和十一年二月に結成された生長の家婦人部。『生長の家』誌昭和十一年二月号に趣意と規約が発表され、三月に機関誌『白鳩』が創刊した。総裁は著者夫妻であった。後に谷口輝子夫人が単独の総裁となった

比叡山　京都市と滋賀県大津市にまたがる比叡山にある延暦寺の通称。平安時代初期に最澄が創建して日本天台宗を開いた

指導者講習会　昭和十年十一月に第一回指導者講習会が赤坂の生長の家本部で開催された。その後も開催を重ね、昭和十一年八月には比叡山根本中堂に於て開催された。『生命の實相』全集中にも当時の座談会や体験談が収録されている

先生から直々にお力を戴いて帰ったのだからと申されました。妹さんとお二人でお出で下さいまして色々有難いお話伺わせて戴きました結果、私は主人に不平があった事が反省せられました。私がそれを三宅さんに申しますと三宅さんは「結構ですよ、何でもお腹にある事、何でもいいから聞くから、どんな事でも皆な被仰い」とそう被仰って下さいました。ああ有難い事だと思いまして、私のこころの中にあった思いをあるだけ申上げたのでございます。それに対して三宅さんは、それはこういう意味でこれはこういう理由で有難いことだ、と被仰って「あんたがこういうふうに解ったからいけないのだ」といちいち教えて戴きましたので、大変悟らせて戴きました。その時に尿道痛がとてもひどかったので「その、昨晩などとても痛くて痙攣起す程痛かった」と申しましたら「もう今晩から痛みませんよ。比叡山から帰って来て、先生からたくさんいいものを戴いて帰って来た。それを一番先にあんたに上げたのであるから、もう今晩から痛みません。大丈夫です

先生　ここでは著者のこと。谷口雅春先生

よ。私も思念して上げますから」と被仰ったのでございます。そうして『甘露の法雨』を誦げて下さいました。そう致しましたら、本当にもう不思議でございますね、本当に今まで何ヵ月、二、三ヵ月というものは、間断なく尿道が堪え切れなく痛んでおりましたのが、その晩から痛みがなくなって、安眠が出来ました。それは何という有難いことでございましょう。附添の者にもその事を申しまして、本当に有難いお蔭を戴いたと喜んだのでございます。

　前から膀胱がひどい傷でございますものですから、尿の出ます時は一時間位前から痛いのでございます。出ました後も長い時には三時間位掻き廻されたような痛みがあります。それがその翌朝のは割合に痛まんで楽に出ました。本当に有難いことだと思いまして、家族で『甘露の法雨』を誦げさせていただきました、そう致しましたら、その翌日は楽になりました。又その翌日楽になって三日目からとうとう小用時に痛まないようになりまして、

間断なく　絶え間なく

本当に有難いことでございました。そんなでございましたから、ずんずん元気が回復しまして、病院に入ったのが惜しいみたいなように他に入院していらっしゃる方が「横田さんの身体だけは特別だ」と被仰って下さる程の元気さでございました。尿の回数だけはまだ人より頻繁でございましたが、痛みがとれましたので自分としてはほとんど治ったような気が致しました。

三

それから、こんなに快くなりましたから、九月十三日頃、三宅さんのお宅に初めてお礼に出まして、

「お蔭さんでこんなに快くしていただきました」と申しますと、三宅さんもお喜び下さいまして

「さあここまで来られたのだからあんた船橋さん——この方は大阪のお医者

頭注版㉟一三七頁

船橋さん　立教まもない当時からの信徒で医師の船橋作一。本全集第七巻「生命篇」下巻第十一章等参照

さんでございますが、そのお医者さんの所に誌友会があるから、あそこにあんた今晩行ってみないか」と被仰って「私も、自分は今晩行く心算だけれども、色々都合で行かれないと思って、実は今電話でお断りしたところだけれども、あんたがお出でになるのだったら御紹介して上げますよ」

「それじゃ」と申しましたが、尿が長保ちしないので心配なんでございます。「まあいい。それではお委せして行ってみよう」という気持になりまして三宅さんに伴れて行って戴きました。その時先生の所へ色々患者さんが見えておりまして、その患者さんの或る人が脊髄癆がお治りになっていたり、腸結核がお治りになったりした体験談が、ちょうど二人ございまして、その時私は感じました。

「ああいう方は私の病状よりもっと重いようですけれども、それじゃ快くなるな、今迄手術しなかったら二、三年の後に死ぬと申されましたけれども、これでは手術しないでも必ず治る」という気持になりました。今迄、そ

誌友会　月刊誌等をテキストとして、信徒同士が自宅等で開く研鑽会

先生　ここでは医師の舟橋先生

脊髄癆　梅毒に起因する中枢神経系統が冒される慢性疾患

腸結核　結核菌が腸に入り、炎症を起こして潰瘍を形成する病気

こまで快くなっていてもどうも生きるということに、私はまだ自信が持てなかったのでございます。ところが自分よりも重い人の体験談を聴くにつれ、これだったら自分は助かるなという気持になりまして、私は『生命の實相』に頼る気持になりました。そして、病院を出て自分の生きる力にひたすら頼ってみたいと思いました。主人は治るまでは絶対に病院から出てならぬと申しておりますから、船橋先生に相談致しましたら、「御主人にさからうのは生長の家ではないから、しばらく辛抱していなさったらいいでしょう。その中必ず退院してもいいという時が与えられるよ」と被仰いました。それから二日程経ったらレントゲンの医長が回診致しました時に、「横田さん、えらい具合がいいね、退院してみないか」こう被仰って下さいました。こちらからお願いしたかったのでございますが、先生の方から退院してみたらどうかと被仰って下さったのでございます。

「退院しても差支えございませんでしたら、家を長いこと四ヵ月も明けてお

回診　病院で、医師が病室を回って診察すること

りますので、退院したいと思いますが主人が承知してくれませんし、それに膀胱がこんなに悪く電車や汽車に乗っても差支えないものでしょうか。その辺主人が心配致しますが」と申しますと、

「今の状態だったら差支えないね。唯あんたは尿の回数が多いというのは、膀胱の傷の治ったあとの後皮が引張って膀胱が小さくなっている。それだから尿の回数が多いのだ。これがすっかり治ったら、何か入れてその縮まった膀胱をだんだん膨らしてゆくより他に方法がない」と被仰って「それじゃ一遍写真撮って、どの位に治っているかレントゲンで見よう」と被仰いました。それから腎臓のレントゲン写真を撮りましたら、左の方の悪いといっておりましたところははっきり悪いのでございますけれども、右の方の腎臓は倍よりも、もっと大きくなっておりまして完全になっているというのでございます。

「こんなにレントゲン治療はやっぱりよく効くね」と被仰いました。こうし

て腎臓の方の右の方は大抵治ったというわけでございました。左の腎臓はその時分にはまだ完全には治っておりませんでしたけれど、八月半位から一週間毎に検尿致しましても、尿に黴菌は絶対にないということでございました。

「しかしこれを完全に固めるには一年半位かかるから二週間目毎に出ておいでなさい」と医者はいわれました。主人はその写真を見たものでございますから、退院を承諾しまして、十月十五日に退院致しました。帰って参りました時の嬉しさ！　この嬉しさは、とても長患いなさった方でなければおわかりになって下さらないと思いますけれども、それから後は船橋先生の所に、神戸から一週間目一週間目に出てお話を承ったり、思念をして戴いて、本当に快くなって参りました。そうして先月十四日でございますが、谷口先生が関西の方へ――奈良の講習会へお見えになりました時、御講演なさいました。その時に、やはりこちらへ手紙でお礼申上げればいいのでご

奈良の講習会　昭和十一年十一月十一〜十七日の奈良への巡錫期間中の夜間に行われた指導者講習会。著者は昼間は周辺都市に赴いて一般を対象とした講演会を行った

ざいますけれども、何か快くなったら東京へ来てお礼申したいという念の方が多いのでございますのと、筆不精なんでございますため、申訳ないと思いましたが、御礼状を差上げずにおりました。ちょうど先生もお見え下さって、何かの機会に発表さして戴こうと思っておりました時、三宅さんがおいで下さって、何か話してみたらというお話でございました。私も今迄永らく病気で寝ておったのでございますから、初めはどうかしらと思っておりました。ところが、三宅さんが「お委せしてやったら出来ますよ」と被仰って下さったので「それじゃ全てを神様にお委せしたら、いいようにして下さるだろう」と思いまして、お受け致しまして十四日に大阪の公会堂でそれ迄の事を発表させて戴きまして私大変嬉しく思っておりました。そう致しましたら何かどうも身体に変化が起りました。一日立ちづくめでおりまして、何か酔うような気がしておりました。それから帰りまして翌日十五日、拇指ほどもある大きな血塊が出始めました。それが痛くも何ともないのでご

筆不精　手紙や文章を書くのを面倒がってなかなか書こうとしないこと

ざいます。尿道から二日までに十四、五出ました。その外に少々出血も致しましてちょっと迷ったり致しましたが、それが出ました後の下腹の具合がとてもいいのです。今まで膨れておりました所が、形が変ったような具合になりましたので、「これは有難いことだ、自分がすっかり浄められ身体がお掃除出来るのだ」と思いました。主人に思わずその話を致しましたら、主人が怒り出しまして、

「お前治っているというが何も治っていやしないじゃないか、そんなもの出て治っていやしない。始めから切れというのに、切ったら治るのに、切らないでそんな事したりして治っていやしない。レントゲンの写真を見れば、右の方が完全らしいから、もう一度診察受けて左を剔出したらどうか」というのですけれども、どうも私はここ迄治ったものをそうはしたくないのです。しかし、私が申したら喧嘩になってしまいますので、船橋先生に電話しまして、お医者さんから話して戴いたら主人も承服してくれるかも知れ

ぬと思って、来て下さるようにお願いしました。

すると、主人の留守に船橋先生がおいで下すって、

「ああこれは結構なんだ、これであんたは本当に癒えるのだ。病念の自壊作用でこれは本当に好いことが起りました。有難いことなんですよ」と被仰って下さいました。そうして思念して下さいました。そう致しますとそれから後もまたそんなものが出ましたから、主人は決していいと思ってくれないのです。主人は神戸から下関まで船に乗ります商売で、或る日帰って参りましたところが、或るヒョッとした事から申しました事が動機となって、決して大して口惜しいとも腹立たしいとも感じたのではなかったのでございますけれども、どういうものかその時に限って過去に鬱積していた一切の心の悩みが形に出て自壊してしまうのでしょう。結婚して初めて大きな声を立てて泣けて泣けて止めようとしてもそれが止らないのです。もうそれは本当にお恥かしい話で、子供達は中学に行っておりますのも、その時お休みで帰

鬱積　不平、怒り、悩みなどの感情が、抑えつけられて心の中にこもること

中学　旧制中学校。旧制高等学校への進学を目指した男子中等普通教育機関。昭和二十二年に新制の中学校、高等学校に改編された

って来ておりますから、恥かしいと思って止めようと致しますが、泣けて泣けてどうにもこうにもそれが収まらないのでございます。そうして泣いておりますと、昨年病気しました今年十一になるというのが二階へ飛んで上って参りまして、

「ママどうしたの？」というのです。

「ママお腹が痛いの」とまぎらして泣いておりましたら、

「ママ、お腹が痛いのなら『甘露の法雨』を誦げてあげる」こう申しまして電燈のところに参りまして、一所懸命、それこそ本当に真面目に心配して、涙をこぼしながら聖経『甘露の法雨』を誦んでくれます。子供が、あんまりそうやっておりますから、有難いような、可哀そうなような、いじらしいような何ともいえない気持で益々胸が迫って来て尚も泣けて仕様がないのでございました。子供はちょうど『甘露の法雨』の折本の片側だけ誦み終りましたら、あまり涙がポロポロ流れるのでもう誦めなくなったのでございま

折本　横に長くつなぎ合わせた紙を同じ幅に折りたたみ、表紙を付けて製本した本。『甘露の法雨』の折本は、昭和十年に京都支部の小木虎次郎博士が『生命の實相』「聖詩篇」等に収録されていたこの詩を「聖経」として出版したのが始まり

す。二階から走っておりて十五歳になる兄に対って「お兄ちゃん、僕は誦めないから、ママに誦んでやって」と申します。「ママが可哀そうで可哀そうで、僕も一所懸命誦んだがかわいそうでかわいそうで、どうしても誦めないから、兄ちゃんあんたに頼んだ」と申します。で、そこで十五歳の兄が上って来ましてその中どうにか聖経を全部誦んでくれました上に、一月号の『光の泉』を一冊読んでくれました。その間 私は泣いて泣いて泣き続けておりました。ですから随分長かった。三つの大タオルがびしょ濡れになりました。よくもあんなに泣けたと思います。今でも子供にきまりが悪い位です。主人は今までどうしても私の頭を抑えねば承知の出来ぬ人でありましたけれども、私があんまり大きな声していつまでも泣きましたので、「もうあやまるから、そんなに泣くな、泣くな」と申して階下へ降りました。

　階下では十一になる方の子供が申しますのに、「ママはお腹が痛いのでは

『光の泉』 昭和十一年三月創刊。初心者及び工場勤務者のための月刊誌

ないかも知れない。パパが僕が上って行った時に何かいっていた。パパがママを苛めたのじゃないか」という声が聞えます。

そうして二時間ばかりぶっ通して泣いたのちに、私は何か気持がすっかり晴れ晴れしたような気が致しました。それから船橋先生の所に出まして

「昨日伺いましょうと思ったのでございますけれども、こんなわけで伺えませんでした。ちょっと私子供の手前きまりが悪くて仕方がないのでございましたけれども、どうにもこうにも制し切れなくなって……」と申しますと、

「ああそれはよかった、本当によかったのだ、今迄下の方から悲しみをチビリチビリ出していたのが、上から一度に出してしまったのでそれでスッカリいいのだ。あなたの心の曇がそれで一度に洗われて綺麗に晴れたのだ。病気の方もきっとよくなるよ」と被仰って下さいました。船橋先生のお家に行った時にも、まだ血塊が出ておりまして南海駅に着いた時にも血塊が出ました

が、私は恐れないで、それで自分は浄まるのだと思っておりました。それからチョイチョイ血塊が出まして、今月一日迄に二十五、六出ました。一番最後の今月一日にはちょうど拇指よりもまだまだ大きい位のほとんど黒ずんだ色のものが出ました。ところが、それまでは排尿にまいりましても、一度に好い具合に出なかったのでございます。変な話でございますが、少し出ると途中で止まり、また太腿のところを指で押すと出る、又少し出る、またこちらの横を押すと出るというふうで、小水があちらこちらに引かかりながら出るような気持が致しておりましたのが、それ以来すーと気持よく一度に出るようになりました。それまでは、坐っていても随分不便でございまして、なかなかお襁褓なしに表に出るということは絶対に出来なかったのであります。どこに出ますにも赤ちゃんみたいにお襁褓持参でございました。血塊がそうして出ましたのが、私の病念の自壊作用だったのでございます。

先日大阪へ寄りましたら、船橋先生が「奥さんお襁褓当てていますか」と被仰います。「今日は大丈夫ですから、お襁褓持って行かないでも大丈夫です」と申しました。今では最高二時間半保つようになりまして、尿の回数が非常に楽になりました。まだ本当に完全というわけには参りませんが、もうほとんど迷うという事はございません。人さんと話しておりますときなど、すっかり病気を忘れたような気持です。誠にこれは本当に有難いと思いまして、これは早速お礼に出なければ気が済まんと思いまして、こちらへ出まして皆様の前で話させて戴きました。大変お聞き苦しかったことと存じますけれども。

＊　＊　＊

話者は横田美智子さんという美しい奥さんである。この話ではまだ全快という処まで行っていないらしいが、それから約一年半後、昭和十三年四月初旬神戸湊川神社の七生館で生長の家講習会が開かれたとき、この奥さんは講習生として来られて、その全快を発表されたのであった。その全快

神戸湊川神社　兵庫県神戸市中央区にある旧別格官幣社。明治元年に明治天皇より神社創祀の御沙汰が下され、明治五年に創建。祭神は楠木正成ならびに一族殉難将士。昭和十三年四月二～八日に生長の家の講習会が開かれた

するについては精神の内面葛藤をもう一つ解く必要があった。それは簡単にいえば良人に、他に、奥様のほかにもう一人愛人があった。それが美智子さんにはどうしても悲しくてその悲しみの心が抑え切れない。悲しみは湿った感情であり、涙となって普通あらわれるが、それが抑制せられている時、その作用が腎臓の方へ転位して頻尿となっていたのでありますが、光明思念によってその三角関係が解消すると共に、その悲しみの根因がなくなり頻尿が全然治ってしまったのであります。

転位　感情が一つの対象から離れて別の対象に向かうこと。本全集第十一巻「精神分析篇」一四三頁参照

頻尿　排尿の回数が多くなる症状

第五十六巻索引

＊頻度の多い項目は、その項目を定義、説明している箇所を主に抽出した。
＊関連する項目は→で参照を促した。
＊一つの項目に複数の索引項目がある場合は、一部例外を除き、一つの項目にのみ頁数を入れ、他の項目には→のみを入れ、矢印で示された項目で頁数を確認できるよう促した。(例 「実相の愛」「無限の善」等)

〔あ〕

(ア、あ(「我」)) 108,110,111
　—の声 109
アー 112
アイ 111
I(アイ)(愛) 111,112,115 →愛
愛 108,111,112,113,115,116,127,162,163,165,166,167
　—としての神 163,164
　—の肖像(イメージ) 22
　—の観念 22
　「—」の行為 51
　明るい— 113
　神の「義」と「—」との混合のパーセンテージ →神
　自己没入の— 112
　自己を他へ没入せしむる— 112
　実相の— 115
　自由自在に曲がるところの— 164 →神
　所—(しょあい)(愛せられる方) →所愛(しょあい)
　他を自己に奪いとる— 113
　他を(自己に)没入せしむる— 112
　能—(のうあい)(愛する方) →能愛(のうあい)
　本当の— 127
　無限の— 152
愛見(あいけん)の大悲 115,116
阿吽(アウン) 114
アク(悪) 116
悪 122
　—なるもの 130
　すべての—、不幸、苦痛 130
悪徳 112
悪人(の如く見える人) 155
悪魔 25
悪霊(あくりょう) 25
(ア、阿)字 109 →ア、あ
(ロイヤル・メイル会社の)アジア号 9
跛(あしなえ) 58
東製氷会社(の技師長今関壽雄氏) 69 →向島
汗 93
(ア、阿)声(せい) 109,110,111,116
　光の— 116
　有声の— 110
アチドーチス(の症状) 87
「あな美哉(にやしえ)」 111 →伊邪那岐命(いざなぎのみこと)
アニマル・マグネチズム(動物磁気) 54
あの世 140
アブラハム 12
(下関市の)阿部さだ 138
天照大御神(あまてらすおおみかみ)(の御徳) 109
アミーバ 160
阿弥陀仏 129
アム(暗) 114
アム(闇) 116
アメリカ 7 →米国
　—百科辞典 8

→フランシス・リーベル博士
(一切の)アラワレ 109
アリストートル 11
(あん、アン)(闇) 113,116 →愛
暗黒 103
暗示 35,43,121
—の応用心理学的効果 89
或る— 137
クーエの自己— →クーエ
薬剤の—によって喚起された信念 →薬剤
安眠 200 →不眠

〔い〕

イ 111,115 →イ声(せい)
天地抱合の自然の声「—(Ｉ)」 115
イア(「唯阿」) 111
イイ(「唯々」) 111
イー(「可」) 111,112
(郷里)イースト・スタウトン 30 →米国
イエス 111 →英語
イエス(・キリスト) 12,100,102,125,126,127,146,148,149,166,167 →キリスト
—(自身)の教え(の真義) 102,125
—の奇蹟 123
—の言葉 126
—の十二弟子 126
—の科白(せりふ) 58
—の説いた「神」 125
人間(としての)— 51,56
歴史上の— 12
医学 5,6,87,90,91,94,181
—の建前 91
科学的—に於ける生体実験 90
近代— 195
息(イキ) 114,115
(米国に影響を与えたる)イギリス(の文人) 11
伊邪那岐命(いざなぎのみこと) 111
伊邪那美命(いざなみのみこと) 111
医師 89
(京都大学の)石川(日出鶴丸)博士 93,95
(頭脳、肉体)意識 155
(お)医者(さん) 171,172,173,175,176,179,191,194,195,202,205,207
—の顔 176
大阪の— 201
三人の— 172
実験する— 94
十二人の立会— 134
生体を取扱う— →生体
多数の有名なる— 136
イスラエル
—の十二種族の王様 126
—の十二の族(やから) 126
ユダヤ民族の—回復 125
(I、イ)声(いせい) 111,112,114,115
痛み 40,77,134,175,192,197,198,200,201
—を和げる方法 197
掻き廻されたような— 200
昼夜通じての— 192
右寄りの— 195
吾々自身の— 77
一切法 110
「(最高の)イデア(理念)」 19,20,21 →ヘーゲル
(北里伝染病研究所所員)井出正典医学士 93
稲 114
(高知県の)井之口村尋常小学校(の校長さん) 121
いのち(イノチ、命)
—組ミ合イ 114
神の— 158
久遠を流るる— 3
自分の(中(うち)に宿っている)— 157,183
天地の— 114
人の— 114,115 →息、稲
万物の— 114
僅かしか保(も)たない— 182
祈(り) 51,113,124
実相を顕現する— 124

(東製氷会社の技師長)今関(壽雄)氏
69,70
―が感じた複雑五彩を呈する色 70
―の色盲 69
色盲が治ってからの―の感覚 70
色盲が治る以前の―の感覚 70
医薬 38
因果 131
―関係(の測定の上に成立つ物理学)
84,86,92
―の法則 163
―法則の偶然性 76
―律的物理学 →物理学
科学の―法則 76
旧物理学の―律 82
事物の―関係 95
発見せる―関係の普遍妥当性の要求
96
普遍妥当性ある―関係 95
普遍的な―関係 91,92
(近代の)インテリゲンチャ 162
(二千五百年前の)インド 166
因縁 163
動きのとれない― 163
衆(おおく)の― 110
インマニュエル・カント 13

〔う〕

有(う) 110
Wisdom(ウィズダム)(覚体) 48
(最高法院判事故アシャー・)ウェーア
氏 41
最高法院判事故アシャー・ウェーア
氏の娘― 41
ヴェッテリニ 131
―の霊界通信 130
嘘 98,99
「―つき看破機」 97
―つき発見機 98
内田(勇三郎) 9798,99
→「嘘つき看破機」、早大文学部心理
学教室
(大)宇宙 15,43,83,114,158
―最高の理念である神 →神
―そのままの心 113
→信(しん)
―に満ちている神秘不思議な力 151
―に満ちている道(真理) →道
―に満つる神 →神
―の実相 169
―の真(しん)(と一致せる心)
→真(しん)
―の静止せる中心 65 →地球
―のマコト →まこと
―の真相(まことのすがた) 112
―の最も矛盾撞着 14
―普遍の理念として存在する神
→神
小― 25,114
全―の実質 14 →霊
トレミーの地球の―中心説
→トレミー
恨み
―瞋(いか)りの原因 116
運命(の好転) Ⅷ

〔え〕

英語 111
ＡＫ(中継放送) 97,98
叡智(えいち)(intelligence) 44
内的―の囁き 46
「霊なる人間」の有する― 44
(東京の)栄養研究所(の藤巻博士) 87
(一定の)栄養剤 87
「ええ」 111 →日本
エーテル 23
エキザクト・サイエンス(精密科学)
83
エディー夫人 18,22,26,27,28,29,30,31,
32,45,50,53,55,56,57
―の著書(『真理と健康』(サイエン
スエンド ヘルス)) 29,50
―の伝記者 28
―の霊的治療の名声 27

N輻射線　85
エホバ(神)　125
　―のような復讐の神　160
エマースン　6,13
　―(の、系を引く)光明思想　4,6
　―の思想系統　4
　―の哲学系統　13
エルサレム(の宮)　167
エロヒム(の神)　125
縁　110,169
　衆―　→衆縁(しゅうえん)
　能生(のうしょう)の―　110
遠感(えんかん)(的)　39,44

〔お〕

大阪　197,212
　―医大の片瀬淡教授　→片瀬淡教授
　―のお医者さん　→医者
　―の公会堂　206
　―の日生病院　→日生病院
　三宅さんと被仰る当時―白鳩会の会長さん　→三宅さん
『大阪毎日新聞』(第十一面)　96
大づかみ主義　75
大祓祝詞(おおはらいのりと)　15
お蔭
　有難い―　200
　『生命の實相』を読ませて戴きました―　→『生命の實相』
お経　173,174
御告げ(の語(ことば))　140
良人(おっと)　214
オデット・リヴェール嬢　133
お父さん　120,121
　「―」という親しみある言葉　121
お腹(なか)　184
「オピニオン(見解)」　44
親　120,128
　―なる神　→神
　―の心　170
　「聖なるみ―」　124
　吾等の―　124

〔か〕

「K」(火)(の声)　115
(トーマス・)カーライル　10,11
外界　109　→内界
(大まかな)概算主義　74
科学　Ⅶ,6,15,16,17,18,22,55,60,68,75,76,77,78,79,80,86,90,94,95,96,137
　―主義　74,75
　―精神　→精神
　―それ自身　78,79
　―的医学に於ける生体実験　→医学
　―的(な)事実　→事実
　―的実験　84,95
　―的真理　→真理
　―的立場　75
　―的天文学の開路者　→天文学
　―というもの　67
　―と宗教との関係　Ⅶ
　―なるもの　80
　―の因果法則　→因果
　―の基礎　67
　―の偶然性　86
　―の材料　71
　―の第二、第三の機能　71
　―の取扱う「事実」　→事実
　―の崩壊と更生の道　96
　―の領分外　137
　―を無視したような奇蹟的治癒　→奇蹟
　新しき―の尖端を行く新物理学　→物理学
　誤れる―　16
　大づかみな―主義　75
　大づかみな―的体験　82
　近代―　133
　現在の―　80
　事実に忠実なる―的態度　→事実
　自然―　5
　実験的―　62

人生に応用する「概括―」 96
真の(精密)― 16,96
精神― →精神科学
精密なる―であるという資格 96
生命の本当の― →生命
「存在の―」の創見 16
→フィヒテ
「ひとまとめ」的な旧物理学乃至旧― 83
本当の― 95
『學士會月報』 132 →帝大
仮性近視 72
(大阪医大の)片瀬(淡)教授 87,88,91
―の実験 88
家庭 121
悲しみ 107,211,214
―の根因 214
蟇(がま)(の神経伝導速度の減衰不減衰) 93
神(様) 15,17,19,23,24,25,46,51,53,100,103,104,107,108,113,114,124,125,128,142, 145,146,148,150,151,154,156,158,160,161,162,163,164,165,166,167,177,193,206
―及び―より放射せる霊的観念
→霊
「―」及び「彼の理念」 22
―々(かみがみ) 151
―心(かみごころ) 104
―という観念 150,151
―と本来一体なるところの「―の分霊(わけみたま)」 101
→聖霊
―と吾等との間 124
―と吾等の人格的交わり 124
―なる第一原理の描ける理念 24
―なる霊 →霊
―に一致する心 →心
―に諛(こ)びるもの 113
―に遠ざかった心 →心
―のいのち →いのち
―の応化と実相 167
―の御使(おつか)い 142
―の観念 24
―の「義」と「愛」との混合のパーセンテージ 165
→宗教、宗派
―の義の正しさ 163
―の国 148,149,169
―の国土 169
―の心 →こころ
―の言葉によって創造(つく)られたところの理念 →理念
―の人格的方面 162
―の(大)生命 →生命
―の絶対無限力 →無限
「―の第一念」 →念
―の大自在 →大自在
―の(普遍的)智慧(の表現)
→智慧
―の造り給いし世界 145
―の肖像(にすがた) 12
―の反映 17
―の万徳(ばんとく)を譲られたる―の子たる吾々 →神の子
―の表現身 25
―の道 104
―の行き給うところ 128
―の霊の宿れる人間 →人間
―への供え物 128
―みずから 132
―より生れた「―の子」
→神の子
―より放射されたる理念的存在
→理念
愛としての― →愛
あちらの― 107
現れとしての― 167
イエスの説いた「―」 →イエス
怒りの― 160
宇宙最高の理念である― 165
宇宙に満つる― 158
宇宙普遍の理念として存在する― 162
エホバのような復讐の―
→エホバ
エロヒムの― →エロヒム
応現の― 167

親なる― 128
義(として)の―　→義
久遠の実在たる―そのもの 104
こちらの― 107
最高の理念の世界を造っているところの― 168
実相真実の― 167
真実(本源)の― 158,163
「神聖原理」(―) 12
すべての教えの― 108
大我(―)の幽玄なる神秘 25
唯一つの親― 108
罪本来無き超越的な―　→罪
哲学的(な、存在の)―　→哲学
内在せる― 151
汝の― 148
人間に宿る―　→人間
嫉(ねた)みの― 160
罰(ばつ)を当てる―　→罰(ばつ)
一つの―の応化(おうげ)の作用 166
不完全な― 160
ほかの教えの― 108
本源の― 162,168
本当の― 157
無相にして無限相なる― 165
理(として)の―　→理
霊なる―　→霊
吾々の説く― 161
『神と人』 42　→クインビー
神(の)子 101,102,104,123,124,128,146,149,150,151,160,169,174,176
―である(という)事実　→事実
―であるとの本来の資格 102
「―」である人間 123
―である吾々 162
「―なる自分」　→自分
―なる観念(もの) 12
―人間の実相　→実相
神の万徳(ばんとく)を譲られたる―たる吾々 128
神より生れた「―」 146
ガルヴァノメーターという検流計 89
カロリー 137
(婦人科の)川副(かわぞえ)さん 183
(双葉高等女学校の二年生)川村(よし子)嬢 72,73
癌 Ⅸ,185
―腫(肉腫の患者の血液) 93
―組織 47
―の死亡率 Ⅷ
―の末期 137
奇跡的の「―」の治癒の如き体験 Ⅷ
直腸―　→直腸癌
姦淫 168
感覚 20,61,62,63,67,70,80
―(的)事実　→事実
―的器官面 68
―として感知される波動 78
―内容 78
―の錯誤 64,70,71,75
―の相異 70
各々の別々の―体験の記録 79
近眼治癒後に起った―　→近眼
五彩の― 70
吾人の―(に上る事実の表示) 61,68
色盲が治る以前の今関氏の―　→今関氏
自己一個の―的体験 79
すべての人の― 74
正しい― 74
単純な黒っぽい光の― 70　→色盲
人の感覚(的)器官面に於ける振動(―)　→感覚器官
ヘレン・ケラーと吾人との―による事実の相異　→ヘレン・ケラー
吾々の知覚や―の裂け目 169
感覚(的)器官 74
―に於ける波動的(存在の)事実 73,74
―面 67,74,78
―面に起った波動(的存在) 70,74
―面(の、に起る)波動事実 70,71
―を構成する肉体の状態 68
外界から―に到達する振動 68
感受者の―面に起る波動 70

吾人の― 63
人自身の―の振動 68
人の―面に於ける振動(感覚) 68
菅公 113 →菅原道真公
感光板
クローム級の― 71
写真の― 71
全整色(パンクロ)級(の)― 71
関西 205
患者(さん、たち) 39,40,52,55,202
―から提出された質問 42
→『問と答』
―自身の感じている症状 40
―の苦痛 52
―の心 55,89
―(自身)の信念 37,52
―の一人一人 52
―の病患部 37
―の病気 39,42
乙の― 92 →甲の患者
癌腫肉腫の―の血液 →癌
甲の― 92 →乙の患者
すべての― 92
感情
湿った― 214 →悲しみ
楽しい嬉しいという― 155
「観世音普門品」 173
→『法華経』
観世音菩薩 164,166
(インマニュエル・)カント 4,11,12,13,16,17
―以後の一切のドイツ哲学の源
→ドイツ哲学
―以上の人 11
―及びヘーゲルの哲学とキリスト教との融合 →キリスト教
―哲学の価値 11
―の『実践理性批判』 14
大哲学者― 14
カント哲学同人協会 6,8
→フランシス・リーベル博士、チャールス・フォルン
ボストンの―の書記ハイラム・クラフト
→ハイラム・クラフト
隨神(かんながら)らの心 →こころ
惟神(かんながら)の道(の本地なる日本) 13
観音様(の像普賢菩薩の像) 151
カンフル 178
(聖経)『甘露の法雨』 72,200,209
―の折本の片側 209

〔き〕

K(気) 115
気 114
天地の― 115
義 163,165,166,167 →理
―(として)の神 163,164
神の「―」と「愛」との混合のパーセンテージ →神
神の―の正しさ →神
曲げられないところの― 164
→神
(米国のレオナルド・)キーラー氏 98
キーラー・ポリグラフ 98
→嘘つき発見機
米国の―の実験 99
(ひどい)傷 200
結核性の― →結核
膀胱の― →膀胱
奇(跡、蹟) 96,123,135,136,139
(無数の新しき)―的治癒(の原因) Ⅶ,Ⅷ,136,138,144
―的の「癌」の治癒の如き体験
→癌
―の実施方法 29
→エディー夫人
イエスの― →イエス
幾多の― 144
一時代だけに限られたる― 123
科学を無視したような―的治癒 136
キリストの―的治病の原理
→キリスト
現代の― 133
宗教による―的治癒 Ⅶ

『生命の實相』が演ずる—の原理
→『生命の實相』
聖癒の— 138
病の—的治癒 145
ルールドの—(の原理)
→ルールド
北里伝染病研究所(所員井出正典医学士) 93
規範 153,156,158
万人倶有の理想、—、標準 157
紀平正美(ただよし)博士 27,58
『旧約聖書』(「創世記」第二章以下) 125
行者(さん) 173,182
—の言葉 183
教祖 126
—の説くところの説き方 166
キリストを—に仰ぐ牧師
→キリスト
京都大学(の石川日出鶴丸博士) 93
恐怖 107,185,193
—すべきもの 130
恐怖心 193
(クレルモンの)ギョン博士 135
ギリシャ 11
(イエス・)キリスト 17,48,49,102,129,132,166,167
—(実相) 129
—自身が宣言している罪 101
—そのもの 51
「—なるほんもの(精髄)」 56
「—なるもの」 12,56,146
→ヘーゲル
—人間説 56
—の如き奇蹟的治病の原理 27
—を教祖に仰ぐ牧師 108
久遠理念の— 12
哲学的— 12
人間内在の— 12,13
仏陀としての— 51
普遍的真理の体現としての— 51
キリスト教 12,31,51,125,163,167
—思想の新形態 4
—聖書 →聖書
—哲学 45
—という相(すがた) 166
—の真理 27
—の精髄 12
カント及びヘーゲルの哲学と—との融合 58
(当時の)正統派の— 31,51
大乗— 4
(実相一元の)仏教(的、類似の)— 13,31,45
仏教的—なるクリスチャン・サイエンス
→クリスチャン・サイエンス
(正統派の)キリスト教会 10
キリスト教徒(自身) 101,102
『キリスト又はサイエンス』 49
近眼 72,73
(強度の)—鏡 72,73 →川村嬢
—治癒後(に起った感覚) 73,74
強烈な— 72 →川村よし子嬢
銀座 69
—街頭に見るネオンサイン 69
→今関壽雄氏
(仮性)近視 72

〔く〕

(大、P.P.)クインビー(氏、博士) 18,28,29,31,32,33,34,35,37,38,39,40,41,42,43,44,45,46,48,49,51,54,55,56,57
—から得た恩恵 28
→エディ夫人
—から譲られた学説 45
→エディ夫人
—所説の真理 55
—時計(“Quimby clock”) 33
—の教え 28
—の稿本 49,56
→『クライスト・オア・サイエンス』、『問と答』(クエスチョン・エンド・アンサー)
—の言葉 49
—の死後 42,45
—の思想 41

—の思想及び治療 53
—の施法 35
—の神学 56
—の信仰及び仕事の底に横たわる大なる真理 54
—の腎臓病 →腎臓病
—の神癒理論 30
—の精神治療の驚くべき成績と学説 53
—の治癒の原理 146
—の治療 31
—の標語 40
—の文章 50
—の本領 52
—の容貌 34
—の霊的治療 31,53,56
—の論文 43
—の惑病同体論 →惑病同体論
恩師— 28 →エディー夫人
クリスチャン・サイエンスの先駆者たる—の神癒理論
→クリスチャン・サイエンス
(小)クインビー 41
子息(の)ジョージ・— 40
小— 41
父— 40
空(くう) 23,110,117
米国に於ける仏教的—思想の最初の鍵の発見者 45
→クインビー
クーエ(の自己暗示) 136
『クエスチョン・エンド・アンサー』(問と答) 56
→クインビー
「久遠を流るるいのち」 3
薬 36,37 →薬剤
—自身 37 →「治す力」
—の処方 39
指定された— 37
病気に適する— 39
苦痛 52,129,130
患者の— →患者
すべての悪、不幸、— →悪
人間の—、不幸、病気 →人間
物質にないはずの—をありとする迷 54
"功徳篇" Ⅷ →『生命の實相』
(第二世紀の)グノースチシズム 56
熊本(の竹下義夫氏) 58
『クライスト・オア・サイエンス』 42,56 →クインビー
倉橋公宣君 Ⅷ,171 →体験談
(ハイラム)・クラフト(夫人) 10,28,29,30
—の兄弟であるイーラー・ホームズ
→ホームズ
(ミス・)グリースン 34
→ポイアン氏
クリスチャン
敬虔な— 101 →キリスト教徒
反— 102
クリスチャン・サイエンス Ⅶ,5,13,18,26,27,32,45,57
→エディー夫人
—一群の実践的宗教 4
—的神癒理論 32
—の原典 57
—の「サイエンス」なる語 18
—の始祖 32
—の先駆者たるクインビー博士の神癒理論 Ⅶ
—(の、という)名称(の創始者) 32
→クインビー
仏教的キリスト教なる— 31
「クリスチャン・ヘルマン」(というペンネーム) 9
→リーベル博士
グリセリン 197
グルウィッツ(氏、博士) 93
—の発見せるミトゲン線 92
ロシアの生理学者— 92
苦しみ 130,131,132,173
十字架の— →十字架
クレルモン(・フェラン(市)) 133
→オデット・リヴェール嬢
—のギョン博士 135
—の司教 134
—の重病人巡礼 134

〔け〕

慶応大学(の某博士)　93　→慶大
形而上学　19
慶大(の某博士)　95
痙攣(けいれん)　199
血液　93
　癌腫肉腫の患者の—　→癌
血塊　195,211,212
　大きな—　185
　拇指(おやゆび)(程の、ほどもある大きな)—　195,206
　小指程の—　184
結核　137,171,185,186
　—菌　183
　—性の傷　185
　—性腹膜炎　→腹膜
　重い—性の病　133
　腎臓—　→腎臓
　粟粒(性)—(ぞくりゅうせいけっかく)　170,172,173
　腸—　→腸
結石(の摘出)　133
　→オデット・リヴェール嬢
結縛(けつばく)　127
　→迷(まよい)
解熱剤　191,194,195,196
　—を廃(や)めた反動　196
ケミカライゼーション　50
　→エディ夫人
(ヘレン・)ケラー　→ヘレン・ケラー
現界　129
健康　97,123,177,182
健康児　182
原罪　145,146
　無—　→無原罪
現在意識　44
現象　62,154,168
　(相対的な)—事実　→事実
　—上の言葉　→ことば
　—(の)生命　130,157
　→ヴェッテリニ
　—的観察　146
　—としての体験報告　67
　—に顕現する動力となるところの「第二念」　→念
　—人間　129
　—の上の理想の殻　→理想
　—の奥の世界　169
　—の雲の切れ間　168
　—の立場　154
　—の肉体の生死　157
　一切—　109
　色々な—　137
　驚異的—　72　→『甘露の法雨』
　術者の精神統一力の感応による一時的—　54　→クインビー
　人体(の)電気—　89,96,98
　(特徴的)随伴—　77
　精神電流的反射と呼ばれる—
　→精神
　そこに起っている—　95
　電気—　99
　不可思議な—　136
　→奇蹟的治癒
　不思議な帯電—　91
現象(世)界　21,129,154,160,168
　—にあるところの肉体の生死　158
　—の今の状態　154
　—の縦断面図　129
　—の生命　157
現象学　17
現世的利益　→利益(りやく)

〔こ〕

高知県(の井之口村尋常小学校の校長さん)　121
光波　63
幸福　121,140
　愉快な—な気持　122
鉱物　22,23
神戸　171,182,184,186,205,208
　→横田美智子
　—の病院　189
　—湊川神社の七生館
　→湊川(みなとがわ)神社

弘法 4
傲慢(という自己隠蔽(罪)) 149,150
光明思想 88
　エマースン(の、系を引く)—
　　→エマースン
　ホームズの— →ホームズ
(米国の)光明思想家 6
光明思想普及会(発行『實相體驗集成』) 58
光明思念 214
五蘊皆空(ごうんかいくう) 45,46
　—色即是空 45
コカイン 197
五官 44,45,168
　—の心 49
　—の妨げ 44
　—の惑わし 44
　—の眼 168
『五官の世界』 42 →クインビー
呼吸器病 186
(冨山房の)『国民百科辞典』 89
こころ(ココロ、心、精神) 39,44,48,54,68,97,105,112,113,161
　—というもの 50
　—の現れ 155
　—の現れ以前の真実在 →実在
　—の奥底 188
　—の習慣 →習慣
　—の世界 46
　—の滞り 47
　—の内面葛藤 214
　—の波 68
　—の表象能力 68
　「—」の方面 35
　—の間違い 40,194
　あなたの—の曇 211
　争う— 197
　宇宙そのままの— →宇宙
　宇宙の真と一致せる—
　　→真(しん)
　親の— →親
　過去に鬱積していた一切の—の悩み 208
　偏(かたよ)った—のレンズ 155
　悲しみの— 214
　神—(かみごころ) →神
　神に一致する— 113 →信
　神に遠ざかった— 104
　神の— 113
　患者の— →患者
　随神(かんなが)らの— 113
　　→信(しん)
　気の附かない悪い—持 193
　五官の— →五官
　自分(自身)の—(の間違い)
　　→自分
　自分の—の中に見出した太陽
　　→自分
　自分も生かし他(ひと)も生かす楽しき— 104
　「肉なる人間」の— →人間
　病気が治りたいという— →病気
　夫婦の—の争いの熱 →夫婦
　的に中(あた)る— 112 →信心
　道を生きようという真実の—(を起した人の病気) →道
　見る人々の— 164
　迷妄の— →迷妄(めいもう)
　憂愁にとざされている— 104
　霊なる人間の— →霊
　私の—の中にあった思い 199
　吾々の— 109
『古事記』
　—以来、釈迦以来の哲学 14
　—の古代日本精神 27
国家 148
骨質 87
　—の軟化 87
(ひどい)骨折 137
ことのは(言葉) 113 →マコト
ことば(コトバ、音、語、言葉、言語) 109,113,114,119,121,124
　—の蔽われている消極的状態 114
　　→やみ
　—の力 118,121
　—の霊泉『生命の實相』
　　→『生命の實相』
　噫(ああ)と感歎する— 111

→アイ、イ
イエスの—　→イエス
一切の—　109,110
イの—　112　→信
御告げの—　→御告げ
「お父さん」という親しみある—
→お父さん
神の—によって創造(つく)られたところの理念　→理念
感歎の—　111　→ア
行者の—　→行者
現象上の—　163
最初に口を開くの—　109
「死」の—　→死
真理の—　→真理
ゾンザイな—使い　118
ぞんざいな—で物をいう習慣　119
大クインビーの—　→クインビー
大和—　→大和ことば
善い—　118
善き—の力　122
善き—の重複の力　42
呼びかけの—　120
子供　120
—のあの病気　184
—の潜在意識　→潜在意識
—(達)の命日　193,194
自分の—　118
症状を考えたこともない—　43
善い—　118
護符　181　→日蓮宗
コペルニカス　14,15
—的一大変革　13　→天文学
—的立場　65
—の新発見　16
—の地動説　65,66
コルリッジ　11
コロンビア市　8
(ニューヨーク州)コロンビア大学(の教授)　8
→フランシス・リーベル博士
昏睡状態　134

〔さ〕

サイエンス　18,50
「—」なる語　18
サイエンス(科学)　17
—の精髄　17
(実在の)サイエンス(実相)　24
サイエンス(真理)　50
『サイエンス・エンド・ヘルス』(『真理と健康』)　18,57
→エディー夫人
『サイエンス・ライフ・デス』　42
→クインビー
サイコ・アナリシス(精神分析)　5,6
催眠
(自己)—状態　35,36,136
—中　36
催眠術　5,38,39
—中のバークマー青年　38
—の一種　33　→メスメリズム
—の宣伝講演　34
→シャール・ポイアン氏
(青年)催眠術家　33
→シャール・ポイアン氏
材木店　186
ザ ウィズダム(the Wisdom)　49
→仏陀
サウス・カロライナ大学(の歴史及び政治経済学の教授)　8
→フランシス・リーベル博士
坐禅的健康法　46　→原坦山
殺人　155
—行為　155
砂糖
—過剰の食餌　87,88
—分多き食餌　87
悟り　2,21,97
「覚(さと)るもの」　49　→仏陀
差別心(の立場)　130
三角関係　214
(本全集第十二巻)「参考篇」(第一八四頁)　5　→『生命の實相』

〔し〕

止(シ)　116
　「生」の—　116　→死
死　50,116,193　→止(シ)
　—という観念　186,188
　—という事　188,192,193
　「—」の言葉　189
　—を超ゆる実体　24
　→人間そのもの
　吾等の「—」　106
慈愛(の力)　164
至道(しいどう)　122　→『碧巌録』
　「—無難」(しいどうぶなん)　122
　→『碧巌録』
シェリング(の霊性同一哲学)　13
視覚　63,64
　—に触れる波　64
時間空間(の世界)　110
(五蘊皆空)色即是空　45
色盲　69,70,71
　—が治ってからの今関氏の感覚
　→今関氏
　—が治る以前の今関氏の感覚
　→今関氏
　—時　70
　—治癒後　70
　—当時　70
　今関氏の—　→今関氏
子宮　146
　—外妊娠(の手術)　178,182
司祭　142
　—の家　144
　—の(処、所)　141,142
　村の—の所　141
事実　60,61,62,63,70,71,74,88,170
　—に忠実なる科学的態度　79
　—の興味深きもの　170
　—の異る表示　67
　—のみに忠実なる立場　80
　—報告　87
　A者とB者との体験—　68
　科学的(な)—　79,97
　科学の取扱う「—」　61
　神の子である(という)—　123,124
　感覚(的)—　61,62,67,71,73,75,80
　感覚器官面に於ける波動的(存在の)
　—　→感覚器官
　感覚器官面(の、に起る)波動—
　→感覚器官
　(相対的な)現象—　67
　吾人の感覚に上る—の表示
　→感覚
　除外例と見えるような特殊な—　96
　推定を交えない—　78
　直接体験されている波動—　75
　直接体験の第一次的—　61
　一人の体験—の集積　79
　普遍的な絶対—　67
　ヘレン・ケラーと吾人との感覚による—の相異
　→ヘレン・ケラー
しじま(静止)　116　→止(シ)
自然　20,25
　—科学　→科学
　「—」の形容外観　20
　—療法　192
四大(しだい)　106
自他一体(の融合)　111
実(じつ)　117　→空(くう)
十界(じっかい)　23
　—互具の世界　23
実在　25,46,130,148,168
　—の国、人間、理念　169
　—のサイエンス(実相)　24
　—の底に横たわる「至聖なるもの」　51
　—の反映　17
　確固たる—性　47
　久遠の—たる神そのもの　→神
　心の現れ以前の真—　159
　根本—　20
　「最高の理念的存在」(実相—)なる人間　→人間
　真—　19
　「真の—」の肖像(イメージ)　17
　大調和の—の法則　→調和
　人間と—との本当の相(すがた)　44

非―　46,47
遍在の―　20
本当の―界　169
唯一の―　47
「理想―」　17　→フィヒテ
(カントの)『実践理性批判』　14
実相　14,18.21,129,130,131,154,158,160,161,168
――一元の仏教的キリスト教　→キリスト教
―覚の立場　130
―真実の神　→神
―人間の完全さ　→人間
―の愛　→愛
―の高所　129
「―の国土」　126
―の世界　161
―の相(すがた)　168
―を顕現する祈り　→祈り
「―を観る眼」　25
宇宙の―　→宇宙
神の応化と―　→神
神の子人間の―　169
完全なる―　161
キリスト(―)　→キリスト
個別的実体ある―世界　23
金剛不壊の―生命のみを説いた『涅槃経』時代の釈迦の教え　→釈迦
「最高の理念的存在」(―実在)なる人間　→人間
自分に宿っているところの完全な―　156
生長の家の「生命の―」の哲学　→「生命の実相」
「生命」本来の不苦不悩の―　130
調和の―に目覚めしむる「主」の手　55
汝らの生命の―　104
「人間の―」　→人間
日人(ひと)または霊人(ひと)である―　2
ものそのものの―の発見　→ものそのもの
「理念の世界(―)」　→理念
『實相』　198　→『生命の實相』
(光明思想普及会発行)『實相體驗集成』　58
(私の)実相智(の一語)　129
実体論　19
「使徒行伝」　123
支那　4
思念　200,205,208
光明―　→光明思念
慈悲(深き姿)　166　→観世音菩薩
自分　150,176
―自身(の力)　124,149
―(の、に宿っている)生命　→生命
―で作った「制限」の眼　124
―に宿っているところの完全な実相　→実相
―に宿っている一つの標準、一つの理念　155
―の生きる力　203
―の命　→いのち
―の内　150　→神
―の内にあるところの道(理念)　→道
―の中(うち)に宿っているいのち　→いのち
―の奥の奥にある理念　→理念
―の現状を測る尺度　150
―(自身)の心(の間違い)　109,110,193,197,198
―の心の中に見出した太陽　109
―の子供　→子供
―の中　156
―の熱　→熱
―の本当の生命(の輝き)　→生命
―も生かし他(ひと)も生かす楽しき心　→こころ
―を捲込んでいた迷い　→迷い
「神の子なる―」　101
外に発見した―　111
天地の道と一つである―　→道
肉体の―(の現状)　149,150
物質の―　149
本当の―(に宿っている最高の理

念） 101,105,150,158,159
本当の—に宿っている最高の理念 →理念
本当の、真実不虚(ふこ)の— 158
「霊なる本当の—」 150
使命 160,161
地上に於ける人間の— →人間
吾々の— 160
使命感 161
下関(市)(の阿部さだ) 138,208
邪悪 168
(フランス人、)シャール・ポイアン氏 33
釈迦 21 →釈尊
—牟尼仏(しゃかむにぶつ) 166
久遠—の教えの顕現 4
『古事記』以来、—以来の哲学 →『古事記』
金剛不壊の実相生命のみを説いた『涅槃経』時代の—の教え 131
人間霊魂の輪廻転生を説いた時代の—の教え 130
釈尊(の説教) 22 →釈迦
主 54,126
誌友 171,184
新しい— 138
近くの—の方 198
執愛 116
衆縁 110
誌友会 202
習慣 119
心の— 119
宗教 5,52
—及び哲学の綜合的融合 4
「—改革」 11
—宗派の別 165
—的解釈 44
—的体系 52
—的理論 51
—による奇跡的治癒 →奇跡
あらゆる— 6
一切—の真理 27
一切の過去の— 22
色々の—、宗派 166
科学と—との関係 →科学
彼の—思想 42 →クインビー
既成—162
クリスチャン・サイエンス一群の実践的— →クリスチャン・サイエンス
諸派の— 166
(ドイツの)新興—(哲学) 5,16,22
全ての—の源 24
全ドイツの—哲学 →ドイツ
ヘーゲルの—(哲学) →ヘーゲル
ヘーゲルの哲学の—化 →ヘーゲル
面倒な—的思索 52
宗教家 162
『宗教上の諸問題』 42,51 →クインビー
十字架 125
—の苦しみ 132
黄金の— 140
執着 115
—する相手 127
(意地悪く見える)姑さん(の姿) 166 →仏さま
宗派
色々の— 165
色々の宗教、— →宗教
宗教—の別 →宗教
「授記品」 173 →『法華経』
(一民族だけの)守護神 125
手術 171,182,186,188,189,190,191,202
—(の、した)結果 179,182
—後の故障 184
—を嫌がる者 195
開腹— 178
子宮外妊娠の— →子宮
ジュリアス・ドレッサー氏 31 →クインビー博士
『首楞厳経』(しゅりょうごんきょう) 46 →原坦山
『純粋理性の限界内に於ける宗教』 12 →カント
巡礼者 136
所愛(しょあい) 115

能愛—の区別を存する愛 115
浄愛 112
→自己を他へ没入せしむる愛
小乗教 130 →大乗教
招霊(しょうれい) 101
植物 22,23
触覚 63,64,78
—に触れる波 63
諸物理学者 85
ラザフォード等の— 82
ジョン・ボビー・ロッヅ氏 36
「知るもの」 49 →仏陀
信(しん) 112,113 →真(しん)
—という字 112
真(しん) 112,113 →信(しん)
宇宙の—(と一致せる心) 113
神意 144
神学
かつてなき純粋なる— 11
→カント哲学
クインビー博士の—
→クインビー
神経衰弱 197
信仰 51,113
—や精神の急転回 Ⅷ
クインビー博士の—及び仕事の底に横たわる大なる真理
→クインビー
純粋— 145
生長の家の哲学および—体系の学的系統 →生長の家
神示 123
信者 126,140 →教祖
敬虔な— 128
土地の— 140
ルールドの公教— →ルールド
神社 151
信心 112,113
神性 168
—隠蔽(いんぺい) 103
—なるもの 146
自己内在の— 154
内在の— 13,154 →理念
人間に宿る— 102
人生 58,95,160
—に応用する「概括科学」
→科学
人生観(の根本変化) 99
腎臓(部) 38,133,186,204,205,214
—結核 171
—のレントゲン写真 204
左と右の— 192
悪い方の— 186
神想観(の指導中) 121
腎臓病
クインビーの— 38
不思議な— 38 →クインビー
人体 91
—(の)電気(現象、的流れ) 89,96,98
—透視(の能力) 36
—に関する唯物論的解釈
→唯物論
—の帯電量 94
—を流れる電流の性質 99
新陳代謝 137
神道 27
瞋恚(しんに) 112
真如 31
—より来生した仏 →仏
信念 49,50,129
—の変化 50
—の間違い 40
患者(自身)の— →患者
病気はないという— →病気
間違った—(、見解、知識の顕れ) 44,50 →病気
薬剤の暗示によって喚起された—
→薬剤
神罰 158
神仏耶(しんぶつや)三教(の融合) 13
神癒(しんゆ)
—の実際 45
—の真理 57 →クインビー
(クリスチャン・サイエンスの先駆者たる)クインビー(博士)の—理論
→クインビー、クリスチャン・サイエンス
クリスチャン・サイエンス的—理論

→クリスチャン・サイエンス
フランスのルールドの聖泉における
—の実際　→ルールド
親鸞聖人　168
(大)真理　5,18,50,54,55,57,78,102,146,147,150,174
—の言葉　42
—の正覚(しょうがく)　48
—の光　→光
—の論理(ロジック)　25
—を悟った人々　123
一切宗教の—　→宗教
宇宙に満ちている道(—)　→道
科学的—　99
完全なる—　17
キリスト教の—　→キリスト教
クインビー所説の—
→クインビー
クインビー博士の信仰及び仕事の底に横たわる大なる—
→クインビー
時代即応の—　162
神癒の—　→神癒(しんゆ)
深き仏教的—　45
普遍的—(の体現としてのキリスト)　51
心理学　5,6,44
(早大文学部)—教室　97,98
—的説明　44
暗示の応用—的効果　→暗示
近代の応用—説中最も注目すべき一学説　43　→クインビー
実験—　89
(エディー夫人の著書)『真理と健康』(サイエンス　エンドヘルス)　50
人類(自身)　Ⅸ,57,58,132
—の罪の代贖(あがない)　→罪
心霊　14,15
—(の)哲学　15,16
ドイツの—界の人々　→ドイツ

〔す〕

皇(ス)　113　→蓮華蔵世界
菅原道真公(の御歌(おんうた))　113
スピリチュアリズム　5,6,26,53
—による霊界通信の可能
→霊界通信
須磨　180
須磨浦療養所　180

〔せ〕

「生」　106
—の止(シ)　→止(シ)
聖歌祈禱　134
性格　98
生活　107
—意識　17
生きて—する哲学　→哲学
現実—　170
地上の—　105
日常—　155
人間の—　107
聖経(『甘露の法雨』)　72,209,210
政治経済史学(の教授)　7
→フランシス・リーベル博士
(広島の医学博士)清茂基(せいしげもと)氏　132
聖書　101
キリスト教—　45
(下級)聖職者　142
精神　98
—感動　89
—感応　38
—訓練　88
(ハッと胸にこたえた)—状態　98,137
(彼の、大クインビー博士の)—治療(の驚くべき成績と学説)　39,53
—的原因の探究　Ⅷ　→癌
—的要素　Ⅸ,87
—電流的反射と呼ばれる現象　89
—統一力の強き人　34

→クインビー
—の激烈な高揚 99
異常な—動揺 96
科学— 60
『古事記』の古代日本—
→『古事記』
定められた通りのウソをいうだけの—的動揺 96
実験者自身の—感動 90
実験者の—エネルギー 84,85
周囲の人々の—波動 43
術者の—統一力の感応による一時的現象 →現象
信仰や—の急転回 →信仰
大クインビー博士の—治療の驚くべき成績と学説
→クインビー
同一の—電気状態 91
特別な—の変化 99
精神科学 5,85
生体
—(に於ける)実験 86
—を取扱う医者 87
聖体顕示台 134
生長の家 Ⅷ,5,13,21,22,23,26,97,108,121,131,138,139,146,151,166,182,203
「—」から出版されている書物 123
—講習会 213
「—」の生き方 107
—の機関誌 Ⅷ
「—」の教義 5
(完璧の)—の所説 15,131
「—」の人生観、世界観 107
—の「生命の実相」の哲学
→「生命の実相」
—の哲学および信仰体系の学的系統 Ⅶ
—の本 173
—本部(講堂) 121,138,171
比叡山の—指導者講習会
→比叡山
(月刊雑誌)『生長の家』 138,172
(本全集『生命の實相』第一巻、第十章、三二六頁)「『生長の家』の神人論」 22
青天白日(の意識) 132
生物
最高—なる人間 →人間
すべての— 159
生物学 5
聖別 134
聖母
—出現の岩窟 144 →ルールド
出現した— 144
聖母像 145
(大)生命 51,52,104,106,124,127
—顕現の法則 26
—の特殊性 60
—の本当の科学 15
「—」本来の不苦不悩の実相
→実相
—力 48
生き通しの— 105
永遠の「—」 157
神の— 26,169
「久遠—」の本来相 102
現象(の)— →現象
現象世界の— →現象世界
個—(の没滅) 26
個人に宿る— 26
金剛不壊の実相—のみを説いた『涅槃経』時代の釈迦の教え
→釈迦
自己の— 105
自分(の、に宿っている)— 157
自分の本当の—(の輝き) 105
地上の— 105
汝らの—の実相 →実相
汝らの—の本質 104
肉体死後の個—の存続 26
物質に—ありとする迷
→迷(まよい)
無限(の)—(の光耀(こうよう))105,107
吾が— 105
『生命の藝術』(誌) 125
「生命の実相」
—(の)哲学 3,27,170

生長の家の—の哲学 58
『生命の實相』 69,72,97,105,131,132,138,146,157,159,162,172,184,185,188,191
—が演ずる奇蹟の原理 146
—に頼る気持 203
—を読ませて戴きましたお蔭 192
言葉の霊泉— 146
昭和六年十二月納本の旧版革表紙 — 5
本全集—第一巻、第十章、三二六頁「『生長の家』の神人論」 22
本全集—第二十巻 3
生理学 5
生理作用 55
聖霊 101
—の受胎したもの 145 →人間
—を(けが、瀆)す(者、罪) 101,102
脊髄(の疼痛) 134
脊髄癆(せきずいろう) 202
赤痢(菌) 93,94
殺生 168
善 122,127,162
一—(いちぜん) 103
三百六十万の— 103
三万六千五百遍の— 103
百倍の— 103
無限の— 103 →神
全一(ぜんいつ) 2 →分一(ぶんいつ)
前科(者) 132
(一つ一つの局部的な)善行(ぜんこう) 103
潜在意識 44
子供の— 43
(仏教特に)禅宗 27
せんせい(医者) 176,177 →医者
船舶(関係の仕事) 186 →横田美智子

〔そ〕

「創世記」
—第一章 113,114,125
—第二章 168
『旧約聖書』—第二章以下 125
創造神 31
物質界の— 31
早大(文学部心理学教室) 97
(観音様の)像普賢菩薩の像 151
ソール(霊) 25
ソクラテス 11
供え物 132
嫉(そね)み 107

〔た〕

“体験談” Ⅷ
いろいろの— Ⅷ
聴講生みずから進んで発表した— Ⅷ
大自在 128
神の— 128
大巡礼週間 136 →ルールド
大乗
—キリスト教 →キリスト教
大乗教 130 →マグナッセン
大乗仏教(相応の地) 4,13 →日本
(人体の)帯電量 94
『大日経疏』(だいにちきょうしょ)(第七) 109,110
大日如来(の真言即ち本体) 109
『大般涅槃経』(だいはつねはんぎょう) 13,46
『大毘婆沙論』(だいびばしゃろん)(第二十九) 112
太陽 15,16,65,66,67,108,109
—及び地球の関係 15
—の光 105
晴天の日の— 105
唾液 93
たかあまはら(全大宇宙) 15
瀧澤(敬一)氏 133,136
—のこの巡礼記 138
—の「ルールド巡礼記」 139
—のルールド聖地踏査記 133
(熊本の)竹下義夫氏 58

谷口(註、先生)　13,14,15,18,19,22,23,26,118,119,194,205
たましい(魂)　14,105
　—の本質　14
　現代人の—　22

〔ち〕

智慧　123,124
　神の(普遍的)—(の表現)　46,54
　本当の—(wisdom)　44
　無限の—　107
地球　16,65,66
　—運行の絶対速度　65
　—の周囲　66,67
　—の従属物　15　→太陽
　太陽及び—の関係　→太陽
　天象儀の—(の部分)　→天象儀
　トレミーの—の宇宙中心説　→トレミー
父親　120
地動説　14,65,66
　コペルニカスの—　→コペルニカス
千葉医大　94,95
　—の実験　93
チフス　94
　腸—菌　93
(ドイツ人)チャールス・フォルン　8
偸盗(ちゅうとう)　112,168
腸　133
　—結核　202
　—チフス菌　93
　—の疾患　133
(大)調和　16,17,25,107
　—した相(すがた)　166
　—に到達する唯一の道　→道
　—の実在の法則　15
　—の実相に目覚めしむる「主」の手　55
　一如倶通の流動的—　165
　円満—せる心性の発達　34　→クインビー
　理念と現実との大—者　24　→神
直腸癌　138
直観　169
直観力　44

〔つ〕

痛覚
　動物の—　77
　吾々の自身の—　77
造り主　168
　人間の—　106
罪　131,132,164
　—(神性隠蔽)　102
　「—無し」　132
　(人類の)—の代贖(あがない)　132　→十字架
　「—の意識」　132
　—の自壊(する過程)　131,132　→病気
　—本来無き超越的な神　164
　永遠に赦されない—　102
　キリスト自身が宣言している—　→キリスト
　傲慢という自己隠蔽(—)　→傲慢
　五十の—　163,164
　最大なる—　100
　すべての(けがす)—　100,102
　第一にして最大なる—　102
　永遠(とこしえ)の—　101
罪人(つみびと)　145

〔て〕

帝大
　—の同窓会誌　133　→『學士會月報』
　××—病院　138
弟子　126
　—たちの偏見　126
　—の希望　126

十二人の―　126
哲学　5,17,22,58
―的(な、存在の)神　161,162
―的キリスト　→キリスト
―的存在　161,162　→神
生きて生活する―　3
エマースンの―系統
→エマースン
多くの―的思索家　46
彼の―　24　→ヘーゲル
カント―の価値　→カント
カント及びヘーゲルの―とキリスト教との融合　→キリスト教
キリスト教―　→キリスト教
『古事記』以来、釈迦以来の―
→『古事記』
シェリングの霊性同一―
→シェリング
宗教及び―の綜合的融合　→宗教
純日本―　→日本
心霊(の)―　→心霊
生長の家の―および信仰体系の学的系統　→生長の家
生長の家の「生命の実相」の―
→「生命の実相」
ドイツの新興宗教―　→ドイツ
(全)ドイツの(宗教)―(界)
→ドイツ
仏教―　→仏教
米国―　→米国哲学
ヘーゲル―　→ヘーゲル哲学
ヘーゲルの(宗教)―(の宗教化)
→ヘーゲル
ヘーゲルの―と仏教との一致　58
→紀平正美博士
私の―　168
哲学者
最偉最大の―　12　→ヘーゲル
全世界の―　12
大―カント　→カント
『デペシュ・ド・ツールーズ新聞』　133
寺　141,142
―の建立　141
『電気心理学の哲学』　36
→ジョン・ボビー・ロッヅ氏
天国　122
電子　83,84
分子を構成する―　2
電磁気治療　54
天象儀　66
―の地球(の部分)　66
伝染病菌　94
天動(地静)説　14,65,66
→コペルニカス
天文学　13,14,15,16
新しき―　15　→コペルニカス
科学的―の開路者　15
→コペルニカス
神話的――　15
トレミーの―　→トレミー
トレミーの誤れる―説
→トレミー
天文学者(トレミー)　16,65
天理教　162,163
―の名　162

〔と〕

ドイツ　4,9
―の三大哲学者中の第二人目　16
→フィヒテ
―の三大哲人　12
―の新興宗教哲学　16
―の心霊界の人々　11
―の哲学界　11
―のナショナリズムの運動　10
―のヘーゲル哲学　45
―の無神論　9
全―の宗教哲学　14
ドイツ語　111
ドイツ人チャールス・フォルン　8
ドイツ人フランシス・リーベル　7
ドイツ哲学　3,4,6,9,11,13,17
―史上錚々たるヘーゲルの思想　57
新しき―　13,14
カント以後の一切の―の源　11
→カント

真の— 14
当時の— 11
ヘーゲル及びその一派の—の使命 16
「ドイツ文学界の現状」 10 →カーライル
(大クインビーの稿本)『問と答』 42,49
東京 183,194,196,206
—の栄養研究所(の藤巻博士) 87
—の知合 197 →横田美智子
道元 4
盗罪(とうざい) 127
透視 36,37,38,44
バークマー青年の病患—能力 →バークマー
(脊髄の)疼痛(とうつう) 134
道徳性(の高さ) 11
動物(界) 22,23
—磁気治療 54
「動物磁気」 33 →メスメル氏
"Truth"(トゥルース) 44
トーマス・カーライル 10
戸川(行男) 97,98,99
→「嘘つき看破機」、早大文学部心理学教室
トライン 4,6
取越苦労 193
(ジュリアス・)ドレッサー氏 31 →クインビー博士
トレミー 15
—の誤れる天文学説 14
—の地球の宇宙中心説 16
—の天文学 15
天文学者— 65
泥棒 155
貪(とん) 112
—慾(とんよく) 112
諸々(もろもろ)の— 112

〔な〕

内科(の先生) 183,184,190,191
内界 109
内観力 44
「治す力」 37
長崎 138
「流るる不動」(の相) 165
名古屋 184
「七つの光明宣言」(の第二条) 26
奈良(の講習会) 205
南海駅 211
(フランスの)ナンシー大学(の物理学教授ブロンドロ博士) 85

〔に〕

肉体 21,24,58,134,150
—死後の個生命の存続 →生命
—の自分(の現状) →自分
—への随伴的従属物 15 →心霊
各人の—組織 74
感覚器官を構成する—の状態 →感覚器官
現象(界にあるところ)の—の生死 →現象、現象界
蝕(むしば)まれた— 135
霊魂及び—の関係 →霊魂
憎み 107
肉欲 146
ニコデモ 148
耳根円通法(にこんえんずうほう) 46 →原坦山
日蓮宗 172,181
(大阪の)日生病院 191,197,198 →横田美智子
日本 4,111,125
—的なる一体系 5
一切を統一融合する地理的位置にある— 4
惟神(かんながら)の道の本地なる— 13
『古事記』の古代—精神 →『古事記』
純—哲学 4,58
日本人 45
ニューイングランド(の諸新聞紙) 53

『ニューイングランドに於けるメスメリズムの滲潤』 33
→シャール・ポイアン氏
『ニューイングランド・マガジーン』 40
ニュー・シティ・ビルディング(の七階) 31 →エディ夫人
ニュー・ソート Ⅶ,5,6,13
—(一群)の思想家 4,30
→ホームズ
自己独特の— 6
ニューヨーク 8
—州コロンビア大学の教授 8
→リーベル
尿 183,200,202,205
—の回数 201,204,213
検— 205
排— 197
頻— 214
尿道 184,185,198,200,207
—痛 192, 199
人間 14,17,18,20,22,24,25,50,51,66,91,101,102,107,123,130,145,146,148,149,150,152,169
—(としての)イエス →イエス
—からも放射する輻射線
→輻射線
—自身 123,129
—そのもの 23,24,149
—それ自身の置換え 149
—知 165
—と実在との本当の相(すがた)
→実在
—内在のキリスト →キリスト
—に宿る神 157
—に宿る神性 →神性(しんせい)
—の内 161
—のエネルギー 92
→ミトゲン線
—の苦痛、不幸、病気 129
—の高貴性の発見 11
「—の実相」 147
—の実体 21
—の生活 →生活
—の造り主 →造り主
—の悩み 58
—の念 →念
—の能力 123
—の病気 →病気
—の本質 14
—の本当の観方 52
—の目に見える存在 17
—ひとりひとり 12
—霊魂の輪廻転生を説いた時代の釈迦の教え →釈迦
神の子—の実相 →実相
「神の子」である— →神の子
神の霊の宿れる— 101
キリスト—説 →キリスト
「久遠—」の思想 22
現象— →現象
個々の— 106
最高生物なる— 160
「最高の理念的存在」(実相実在)なる— 21
実験者たる— 89
実在の国、—、理念 →実在
実相—の完全さ 129
「真の—」 101
全ての— 155
すべての—(の重病) 138,158
すべての—の中(うち)に宿っているところの理念 →理念
すべての本当の「—」 146
大抵の— 168
地上に於ける—の使命 160
「肉」である— 149
「肉なる—」(の心) 44,46
肉の— 130
一人の—が或る条件にて結果を得た表示 80
「物」である— 149
理想の— 17 →キリスト
霊(なる、である)—(の心) →霊
「霊なる—」の有する叡智
→叡智
吾等— 114
『人間の使命』 17 →フィヒテ

〔ね〕

熱　134,174,175,180,189,190,195,196,197
　―型　196
　―の原因　190
　自分の―　194
　夫婦の心の争いの―　→夫婦
　平―　177,190,196
『涅槃経』
　金剛不壊の実相生命のみを説いた―時代の釈迦の教え　→釈迦
念　20,50,129
　「―」と称するところのもの　21
　「―の具象化」(オピニオン)　49,50
　「―」の対象たる「自然」　20
　―の投影の世界　129
　―のレンズ　153,169
　一―三千　23
　「神の第一―」　21
　現象に顕現する動力となるところの「第二―」　21
　十界互具の一―　23
　人間の―　130
念仏　164
　空(そら)―　113

〔の〕

能愛(のうあい)　115
　―所愛の区別を存する愛　115
脳症　176
脳髄(組織)　169
脳膜　134
能力　124
「ノーレッジ(知識)」　44
『伸びる力』　69
ノリ(宣)　109

〔は〕

(ルシャス・)バークマー
　―(という奇妙な霊感的な)青年　35,36,38
　―の病患透視能力　37
　霊感中の―青年　39
肺　137
黴菌　205
ハイゼンベルク　83
排尿　192, 212
　―の前後　192
ハイバー(のホームズ)　10
(ボストンのカント哲学同人協会の書記)ハイラム・クラフト(氏)　7,8,27,31
　→「カント哲学同人協会」
パウロ　123
バジリック境内　134　→ルールド
ハチス(蓮)　113　→蓮華蔵世界
蜂の巣　113　→蓮華蔵世界
罰　51,150
　―を当てる神　151,158
パッタースン夫人　29,53
　→エディー夫人
発熱　173　→熱
母親　124
(傑僧)原坦山　46
パリサイ人　148
磔刑（はりつけ）　127
万教帰一(的原理)　5
　→生長の家　5
犯罪捜査被告人(の訊問)　98
　→「嘘つき看破機」

〔ひ〕

比叡山(の生長の家指導者講習会)　198,199
(お)光　84,103,104,105,114,116,131,171
　―のア声　→ア声(せい)
　―の止(ヤミ)　116　→闇
　真理の―　105,132
　太陽の―　→太陽
　単純な黒っぽい―の感覚　→感覚
　小さな―の点々　105
　世を照らす―　103

(一月号の)『光の泉』　210
(硬直した)膝(ひざ)　58
ひと(人、日人、霊人)　2
　—である自覚 2
ひとつ(I)　115
(推定的、(御都合主義の)大ざっぱな)
　　(一、ひと)まとめ主義 77,80
皮膚(の電圧)　89
白衣(びゃくえ)の婦人 140,143
　—の伝言 142
　美しい— 139
ヒューマン・マグネチズム 5
病院 179,181,182,196,198,201,203
　神戸の—　→神戸
　××帝大—　→帝大
病気 18,35,36,37,38,39,44,46,54,55,97,99,
　　101,123,129,131,132,145,146,157,158,
　　172,174,175,176,187,188,193,206,209,
　　211,213
　—が治りたいという心 159
　—治療の霊媒　→霊媒
　—というもの 39,43
　—などという不完全なもの 44
　—に適する薬　→薬
　—の原因 38
　—の自壊作用 185
　—の自主的存在 54
　—の無いこと 52
　—の悪い盛り 179
　—はないという信念 176
　あらゆる—の消滅 IX
　軽い— 193
　患者の—　→患者
　器官の— 137
　子供のあの—　→子供
　全ての— 43
　生死を争う— 178
　人間の— 123
　人間の苦痛、不幸、—　→人間
　道を生きようという真実の心を起
　　　した人の—　→道
　私の(全ての)—　54
　　　　　　　　→エディー夫人
病苦 102
　十二年間の— 134
(新しい)表現文学 22
病的観念 43
病人 136,179
　一般大衆の— 34
　百人の大(たい)— 135,137
　我儘な— 196
病念(の自壊作用)　208,212
「ビリーフ(信念)」 44
ピレネー(の碧空)　144
　　　　　　　　→ルールド
広島(の医学博士清茂基氏)　132

〔ふ〕

ファビッシュ 144
不安 107
(J・G・)フィヒテ 12,16,17
夫婦
　—関係 127
　—の心の争いの熱 197
フォイエルバッハ(のドイツ原書)　8
(ドイツ人チャールス・)フォルン 8,9
「不確定性原理」　83
　　　　　　　　→ハイゼンベルク
(四)福音書　123　→聖書
輻射線 92,93
　一種の—　92　→ミトゲン線
　人間からも放射する— 93
腹膜 133
　結核性—炎 134,172
不幸 129, 145
　色々の— 104
　すべての悪、—、苦痛　→悪
　地上の—を嘗めて来たすべての霊魂
　　　　　　　　→霊魂
　人間の苦痛、—、病気　→人間
藤巻博士 88,91
　—の実験　88　→片瀬教授の実験
　東京の栄養研究所の— 87
不浄愛　112　→愛
婦人科 182,183
　—の川副(かわぞえ)さん

→川副(かわぞえ)さん
不染汚(ふぜんな)　112
双葉高等女学校(の二年生川村よし子嬢)　72
仏教　4,13,27,31,49,109
(実相一元の)―(的、類似の)キリスト教　→キリスト教
―思想　4
―聖典　45
―的キリスト教なるクリスチャン・サイエンス
→クリスチャン・サイエンス
―哲学　45
―という相(すがた)　166
―特に禅宗　27
―の米国浸潤　4
大乗―　→大乗仏教
深き―的真理　→真理
米国に於ける―的空思想の最初の鍵の発見者　→空(くう)
ヘーゲルの哲学と―との一致　58
→紀平正美博士
(普通の)仏教者　23
物質　6,14,46,47,48,49,50,51
―界(の創造神)　31
(不完全な)―世界　31,168
―それ自身　105
―的原因探究　Ⅷ　→癌
―的条件　87
―的存在　22,123
―に顕れている状態　169
―に生命ありとする迷
→迷(まよい)
―にないはずの苦痛をありとする迷(まよい)　→苦痛
―の自分　→自分
客観的―の存在性　48
具象化されて生じたる―　47
実験者自身の帯電―としての干渉　90
樹木を造っている―　106
ヘーゲル哲学の「―無」の思想
→ヘーゲル哲学
仏性　46,168
(色々の)仏像　151
仏陀　49
―としてのキリスト　→キリスト
仏典　22
仏耶(ぶつや)両教　58
物理学　86
新しき科学の尖端を行く新―　86
因果関係の測定の上に成立つ―
→因果
因果律的―　82
旧―(の時代)　75,82,83
旧―の因果律　→因果
新―　82,83,87,88
電子―　5,80
量子―　76,80
(ブロンドロ博士の如き信頼すべき)物理学者　85
(常に剣を持った)不動様　167
→不動明王
舞踏病　58
知人の―　58
不動明王　166
―の利剣の働き　166
船橋(さん、先生)　201,203,205,207,208,211,212
「無難」(ぶなん)　122
→『碧巌録』
不平　199
普遍神　125
不眠　197
プラトー　11
(マックス・)プランク(の量子論、の導き出した量子説)　76,77,82
(ドイツ人)フランシス・リーベル(博士)　7,19
フランス
―のルールドの聖泉における神癒の実際　→ルールド
一八三〇年革命に関する―原書　8
フランス語　144
―のよくわからぬ田舎娘　143
→ベルナデット
フランス人(、シャール・ポイアン氏)　33

ブレメン号 9
プロトン(陽電子) 2
ブロンドロ博士
—及びその弟子達 85
—の如き信頼すべき物理学者 85
フランスのナンシー大学の物理学教授— 85
分一(ぶんいつ) 2
→全一(ぜんいつ)

〔へ〕

米国 3,4,9,13,33
—に影響を与えたるイギリスの文人 11
—に於ける仏教的空思想の最初の鍵の発見者 →空(くう)
—ニューハンプシャー州レバオン市 31
—のキーラー・ポリグラフの実験
→キーラー・ポリグラフ
—の光明思想家 →光明思想家
—のレオナルド・キーラー氏 98
仏教の—浸潤 →仏教
米国人 46
米国哲学 4
平和(の境地) 97
(ゲオルク・ヴィルヘルム・フリートリッヒ・)ヘーゲル 4,6,12,16,17,19,20,24,25,57,146
—及びその一派のドイツ哲学の使命
→ドイツ哲学
—系 6
—系統の思想 30
—紹介の論文 56 →リーベル
—の思想 56
—の宗教(哲学) 7,15
(ゲオルク・)—の著作 19
—の哲学(の宗教化) Ⅶ,23,27,30,57
→エディー夫人
—の哲学と仏教との一致 58
→紀平正美博士
—の弁証法 24
カント及び—の哲学とキリスト教との融合 →キリスト教
最高階に位する大— 17
ドイツ哲学史上錚々たる—の思想 57
ドイツの—哲学 45
ヘーゲル哲学 19,26,27,31
—の紹介論文 27 →リーベル
—の「物質無」の思想 56
—の論文 29
(リーベル博士の)『ヘーゲル哲学』(の論文) 57
(リーベル博士の)((前記)論文)『ヘーゲルの哲学的宗教』(なる論文) 7,10,26,27,28,32
『ヘーゲルのメタフィジカル・レリジョン(哲学的宗教)』 10
→リーベル博士
ヘーゲル論 9
『碧巌録(へきがんろく)』(の公案の第二) 122
ペテロ 123
十二使徒のうちの最大なる一人である— 125
ヘリウム(の原子) 83
ベルナデット 140,143,144
—・スービルー 139
—の言行 139,144
ベルファスト市 35 →米国
—の一新聞 34 →クインビー
メイン州— 32 →米国
ベルリン(のスフィンクス) 19
→ヘーゲル
ヘレン・ケラー 64,78
—と吾人との感覚による事実の相異 68
—の住む世界 64
便宜主義 76

〔ほ〕

((フランス人、)シャール・)ポイアン氏(の講演実験会) 33,34
法教

―の二字　109　→ノリ
―の本(もと)　109　→ア字
膀胱(部)　185,186,192,200,204
―の傷　204
―の右寄り　194
縮まった―　204
膀胱カタル　183
法輪　113
―の中央　113
ポー川　139,141
ポートランド　30　→米国
―の治療所開設当時の初期の患者　41　→ウェーア夫人
『ポートランド速報(クーリヤー)』　53
ポープ(の詩)　25
(イーラー・)ホームズ　6,30
―の光明思想　6
ハイバーの、クラフト夫人の兄弟である―　10,30
→クラフト夫人
ホールシャルター氏(の著書)　10
『法華経』　21,23,173
ボストン(のカント哲学同人協会の書記ハイラム・クラフト)　6,7,8,9
→リーベル博士
菩提樹下　21
北研(説)　94,95
→北里伝染病研究所
仏(さま)　21,167
―の世界　169
真如より来生した―　31
骨　137
凡夫
五濁(ごじょく)の―　164
「煩悩具足の―」　168
→親鸞聖人
本不生(ほんぶしょう)　110
―の際(さかい)　110

〔ま〕

マーデン　4,6
「マインド(念)」(第二念)　20,21,23
マグナッセン
―の父の(霊魂、霊界通信)　129,130,131
まこと(マコト、信、誠、信心)　112,113
宇宙の―　113
「マタイ伝」(第十九章二八)　126
マックス・プランク(の量子論)　76,77
マッサビュル(の岩山)　139
マト(的)　112　→マコト
迷(い)　45,55,104,127
―の霧　168
―の雲間　105
自分を捲込んでいた―　54
物質に生命ありとする―　54
物質にないはずの苦痛をありとする―　→苦痛
「マルコ伝」(第三章)　101
慢心　149

〔み〕

実(み)　113　→マコト
道　157
「―」そのもの　157
―を生きようという真実の心(を起した人の病気)　159
宇宙に満ちている―(真理)　156
神の―　→神
自分の内にあるところの―(理念)　157
調和に到達する唯一の―　17
天地の―と一つである自分　159
美智子さん　214
ミトゲン線　92,93
―の放射(量)　93,94
グルウィッツの発見せる―
→グルウィッツ
(神戸)湊川神社(の七生館)　213
三宅さん　198,199,201,202,206
―と被仰る当時大阪白鳩会の会長さん　198
民族　165
―の教養、文化、習慣、伝統　165

〔む〕

ム　116
　結ばれの―　116
無　164
無機物　2
無限　107,152,160
　―(の)生命(の光耀(こうよう))
　→生命
　―なるもの　153
　―に完全なる相(すがた)　157
　→神
　―の愛　152
　―の美しさ　152,153
　―の深切さ　152
　―の善　→善
　―の智慧　→智慧
　―の善さ　152,153
　神の絶対―力　100
　無相にして―相なる神　→神
無原罪　144,146
　―の受胎　143,144,145
　「―の神性なるもの」　146
向島　69
無常なるもの　168
『無門関の研究』　27
　→紀平正美博士

〔め〕

明治天皇祭(の日)　72
迷妄　44,49,50
　―の心　50
　仮定的―　94
メイン州ポートランド　40　→米国
メシヤ　58
メスメリズム　36
　―の施法　35
　メスメル氏創始の―　33
メリー・ベーカー・エディー夫人　32,53
　→エディー夫人
(純粋なる)メンタル・サイエンス　47
メンタル・トレーニング(心的練習)
　119

〔も〕

妄心　44
妄想　48
盲腸
　―炎の手術　133
　―のような状態　172
本不生(もとふしょう)　110
　→本不生(ほんぶしょう)
もの(モノ、諸生)　2
　―である自覚　2
ものそのもの(の実相の発見)　61,66,68,80
　一つの「―」　75
(『維摩経』の)「文殊師利問疾品」
　115

〔や〕

ヤー(ja)　111
薬剤　37,38,89　→薬
　―指定の霊感力　→霊感
　―の暗示によって喚起された信念　38
　―の効果　91,92
　一定の―　87
　同一の―　91,92
(戯曲)「耶蘇伝」　58
病(やまい)　43,58,146
　―の奇蹟的治癒　→奇蹟
　重い結核性の―　→結核
『病と癒し』　42　→クインビー
大和ことば　112
やみ(ヤミ、止、暗、闇)　113,114,116,131
　―そのもの　113

〔ゆ〕

唯心所現　110

唯心論　47
　客観的―　46,47
　主観的―　46,47,48
唯物論　14,15,16,169
　―の残渣　52
　人体に関する―的解釈　14
唯物論者　15
　―の過誤　15
『維摩経』　47
　―の「文殊師利問疾品」
　　→「文殊師利問疾品」
幽冥界　129
ユダヤ教　125
ユダヤ人(たち)　126
　―の王様　126
　―の世界支配　126
　―の宰(つかさ)　148
　　→ニコデモ
　当時の―の為政者　127
ユダヤ民族
　―のイスラエル回復　→イスラエル
　二千年前の―　166
輸尿管(の入口)　185
赦(ゆるし)　167

〔よ〕

陽陰　114
　―の息　114
養嗣子　120
養父　121
横田さん　203
　―の身体(からだ)　201
横田美智子(さん)　171,213
横浜　186
ヨハネ　123
　先生の―　58
「ヨハネ伝」(第一章、第三章)　146,149
よろこび(喜び、歓び)　152,156,158
　発見の―　111　→ア

〔ら〕

ラースン　4,6
ラザフォート(等の諸物理学者)　82
ラジウム(の原子)　82

〔り〕

理　162,163,165
　―(として)の神　162,163,164
　正しき普遍的な―　163
(ドイツ人フランシス・)リーベル(博士)　7,8,10,27,30,56
　―のヘーゲル紹介(論)文　10,29,56
　―の『ヘーゲル哲学』(の論文)　57
　―の((前記)論文)『ヘーゲルの哲学的宗教』(なる論文)　7,10,26,27,28,32
　―の論文　28,30,31
理想　153,156,158
　「―実在」　→実在
　―というもの　153
　内部から現れた―　154
　より高い―　153
理念　19,20,23,24,154,156,159
　　→イデア(理念)
　「―実体論」　24
　―そのもの　23
　―的存在　167
　―というもの　159
　―と現実との大調和者　→調和
　―なるもの　20
　―の現れ　159
　―の自性　154　→実相
　「―の世界(実相)」　23
　「―」の創化力　24
　―の創造　20
　或る―　155
　宇宙最高の―である神　→神
　宇宙普遍の―として存在する神
　　→神
　奥にあるところの―　153,154
　「神」及び「彼の―」　→神

神なる第一原理の描ける― →神
神の言葉によって創造(つく)られたところの― 161
神より放射されたる―的存在 22
久遠―のキリスト →キリスト
「最高の―的存在」(実相実在)なる人間 →人間
最高の―の世界を造っているところの神 →神
「至高の―の世界」(実相世界) 21
実在の国、人間、― →実在
自分に宿っている一つの標準、一つの― →自分
自分の内にあるところの道(―) →道
自分の奥の奥にある― 154
既にある最高― 161 →神
すべての人間の中(うち)に宿っているところの― 157
第一創造の「―の世界」 168
内部に宿っている―としての最高、完全なるもの 158 →神
一つの完全な― 155
本当の自分に宿っている最高の― 160
より完全へと指導する― 155
わが内に既にある― 161
利益(りやく) 113
現世的― 126
「(久遠常在の)霊鷲山(りょうじゅせん)」説 23
良心 156
臨終 134

〔る〕

ルイズ 9
ルールド 134,139,146
―査証医局 136
―聖域の由来記 139
―第一回の巡礼 133
―地方の方言 143
―通信 133
―の奇蹟(の原理) 138,146
―の公教信者 137
(フランスの)―の聖泉における神癒の実際 Ⅶ
―の当局者 136
第一回の―巡礼 135
瀧澤敬一氏の―聖地踏査記 →瀧澤氏
瀧澤氏の「―巡礼記」 →瀧澤氏
「ルールド巡礼記」 133 →瀧澤氏
ルシャス・バークマー青年 36

〔れ〕

霊 14,15,20,23,24,25,133,149,193
―的存在 123
―なる神 22
「―なる人間」の有する叡智 →叡智
―(なる、である)人間(の心) 44,46,149
「―なる本当の自分」 →自分
エディー夫人の―的治療の名声 →エディー夫人
神及び神より放射せる―的観念 47
神なる― 25
神の―の宿れる人間 →人間
クインビー(博士)の―的治療 →クインビー
招― →招霊(しょうれい)
迷える― 58
霊界 129,131
霊界通信 26
ヴェッテリニの― →ヴェッテリニ
スピリチュアリズムによる―の可能 26
マグナッセンの父の― →マグナッセン
霊感 36
―中のバークマー青年 →バークマー
―能力 39

—の内的啓示　46
一種の—　46　→クインビー
薬剤指定の—力　37
→バークマー
ルシャス・バークマーという奇妙な—的な青年　→バークマー
霊感者　37,39
霊魂　101,130
—及び肉体の関係　15
—の苦悩　129
向上進化する—　129
地上の不幸を嘗めて来たすべての—　130
人間—の輪廻転生を説いた時代の釈迦の教え　→釈迦
マグナッセンの父の—
→マグナッセン
(シェリングの)霊性同一哲学　13
霊泉　134,144,146　→ルールド
—の湧口　145
言葉の—『生命の實相』
→『生命の實相』
霊媒　101
病気治療の—　36
→バークマー
歴史　17
(米国ニューハンプシャー州)レバオン市　31
蓮華蔵世界　113,169
レントゲン　191,204
—(の)写真　192,207
—治療　204
—の医長　203
—療法　191
腎臓の—写真　→腎臓

〔ろ〕

ロイヤル・メイル会社(のアジア号)　9
ローマ教会　144
ロシア(の生理学者グルウィッツ博士)　92
(ジョン・ボビー・)ロッヅ氏　36,37
—の真似　37

〔わ〕

和解　108
惑障　46
(クインビー博士の)惑病同体(論)　43,45,46　→原坦山
和合(物)　106
「私」　117
『私はこうして癌が治った』　Ⅷ
→谷口
われ(吾れ、我、我れ)　115,145
—なる一(いつ)　110
—みずから　110

箴言・真理の言葉

「愛に二種あり、一に染汚(ぜんな)は謂(い)わく貪(とん)なり。二に不染汚(ふぜんな)は謂(い)わく信なり。問う諸々の貪(とん)は皆愛なりや……謂(い)わく貪(とん)は皆愛なりと。愛して貪(とん)に非(あらざ)るあり。此れ即ち信なり」 112
「朝(あした)に道を聞かば(、)夕(ゆうべ)に死すとも可なり」 156,158
「ア字は是(こ)れ一切法教(ほうきょう)の本(もと)なり。凡(およ)そ最初に口を開くの言(ことば)に皆アの声あり。若(も)しアの声を離るれば即ち一切の言説(ごんせつ)なし」 109
阿字本不生(あじほんぶしょう) 109
「一切衆生仏性(あ、有)り」 13,46
一切法本不生(いっさいのものもとふしょう) 110
「一切法は衆縁より生ぜざるはなし。縁より生ずるものは悉(ことごと)く皆始(はじめ)あり本(もと)あり。(是(こ)れ有(う)の義) 今此の能生(のうしょう)の縁を観ずるに亦復 (またまた) 衆(おおく)の因縁より生じ、展転(てんでん)して縁に従う。誰をか其(そ)の本(もと)となさん。(是れ空(くう)の義)即ち本不生(ほんぶしょう)の際(さかい)を知る。是れ万法の本なり。猶(な)お一切の言語(コトバ)を聞く時、即ち是(こ)れ阿声(あせい)を聞くが如し。是(かく)の如く一切の言語(コトバ)を聞く時、即ち是(こ)れ阿声(あせい)を聞くが如し。」 110
「因果昧(くら)(ま)さず(、苦しみ本来無し)」 131
「かかる人は、血脈(ちすじ)によらず、人の欲(ねがい)によらず、肉の欲(ねがい)によらず、ただ神によりて生れしなり」 145
「神のみ実在である」 46
「神は霊にして、神こそ全ての渾(すべ)て」 15
「神光あれと宣(のたま)いければ光ありき」 114
「神を信ぜよ、また我をわが行う業(わざ)によりて信ぜよ」 53
「キリストは仏陀であった」 49
「現象的に病気に見えていても、その『内在の相(すがた)』に於ては病気は無い」 18
「五官は迷いを語る」 45
「心だにまことの道にかないなば祈らずとても神や護らん」 113
「個生命は神の生命に吸収せられて、その個性を失うことは決してない」 26
「是(こ)の観を作(な)す時、諸々の衆生に於て愛見の大悲を起さば即ち応(まさ)に捨離(しゃり)すべし」 115
「自然は精確を嫌う」 83
「実相は永遠であり、地上の不幸を嘗(な)めて来たすべての霊魂はただ肉の人間として苦しみを嘗めたに過ぎないのである。しかし肉の人間は実相でないから苦しみもまた実在ではないのである。実相としては人間は永遠である。されば人間は決して未(いま)だかつて苦しんだ事はないのである」 130
「自分は神の子である。自分自身を尊べ」 150
「自分は菩提樹下に坐して悟りを開き、悟りを開いて四十余年を経たような存在ではない。久遠(くおん)の昔から永遠に存在するところの仏である」 21
「諸法は妄見(もうけん)なり、夢の如く、水中の月の如く、鏡中の像の如し、妄想

(もうぞう)を以て生ず」　47
「すべての罪とすべてのけがす罪とは赦(ゆる)されても、聖霊をけがす罪は永遠に赦(ゆる)されない」　102
「生長の家は新興宗教でも何でもない。釈尊の説教を、一切の過去の宗教、科学、哲学を包容しつつ現代人の魂を打つように表現したところの新しい表現文学である」　22
「生長の家は何物をも排斥しない。それが真理ならばどこからでも採入(とりい)れて一つの思想体系に統一してしまうのである……科学よし、あらゆる宗教よし、医学よし、心理学よし、スピリチュアリズムよし、サイコ・アナリシスよし、ニュー・ソートよしである」　5
「世界には人間自身が信念によって創作しない限り、何一つ醜いものは存在せず、何一つ悪なるものは存在せず、何一つ恐怖すべきものは存在しない」　129
「説明は治療である」　40
「それは子供の潜在意識が周囲の人々の精神波動によって暗示を受け、その病的観念を同化して知らず識らず自分のものとしているのだ」　43
「存在するところの全ては一定の『理念』そのものである時にのみ真実在であるのである。『理念』のみ唯一の真の存在である。理念なるものは根本実在及び根本原理として真に存在するものである。それは感覚的存在でもなければ具体的存在でもない。しかしそれは遍在の実在である。しかも『理念』なるものは『念(マインド)』によって外界に顕現しようとするのである」　19
「大信心は仏性なり」　46
「たかあまはら(全大宇宙)に神つまります」　15
偶々(たまたま)『生命の實相』を読みて病気が消えるのは罪そのものが真理の光に照らされて消え、罪の自壊する必要がなくなるからである。　131
「肉体無し」　150
「肉体は人間に非ず」　150
「人間、神の子、自身を尊べ」　150
「人間の病気が治るのが何が奇蹟であるか」　123
「人間は愛の観念である、愛の肖像(イメージ)であって、物質的存在ではない」　22
「人間は未(いま)だかつて女性の子宮からは生れない」　146
「人間は神の子である」　102
「人間は個性を没し去ることなしに存在の無限内容を意識の中に獲得する」　25
「人間はその『内在の相(すがた)』に於ては病気はない」　18
「人間本来清浄」　146
「人間本来無原罪」　146
「人間を尊べ、先ず自分自身を尊べ」　149
光を受けよ。受けた者だけが光となるのである。　103
「病気が治りたいという心を捨てて道を生きようという真実の心を起せ」　159
「物質は心によってどんな形にでも変形し得るところの単なる観念的存在であり、それを変形する生命力というものは、物質より来らず、物質以外のところから来る。キリストはこの真理の正覚(しょうがく)に到達せるWisdom(覚体)であった。」　48
「物質本来無」　6
「本当の自分を悟れば病気は治る」　159
「誠に汝らに告ぐ、人の子らのすべての罪と、けがす瀆(けが)しとは赦(ゆる)さ

れん。然(さ)れど聖霊をけがす者は、永遠(とこしえ)に赦(ゆる)されず、永遠(とこしえ)の罪に定めらるべし」 100〜101
「まことに汝等に告ぐ、世あらたまりて、人の子その栄光の座位(くらい)に坐するとき、我(われ)に従える汝らもまた十二の座位(くらい)に坐してイスラエルの十二の族(やから)を審(さば)かん」 126
「まことに誠に、汝に告ぐ、人あらたに生れずば神の国を見ること能(あた)わず」 148
「まことに誠に汝に告ぐ、人は水と霊とによりて生(うま)れずば、神の国に入ること能(あた)わず。肉によりて生(うま)るる者は肉なり、霊によりて生(うま)るる者は霊なり」 149
「理念は肉体に於て現実となり、霊はその普遍的実体であるのである。『理念』によってのみ世界の事物の実体が存し、事物は『理念』の創化力によってのみ存在するのである。『理念実体論』は全ての宗教の源であり、存在の全ては神によって創造(つく)られ且つ支配されると宣言するのである。理念は、存在する総てのものの精髄を構成するものである。神のみ、ひとり理念と現実との大調和者であるのである」 24
「理念を究極まで突きつめて行けばそれは『念(マインド)』であり、霊である。霊は限りなく、また感覚に捉えられないが、普遍的でありそれみずからの活動によって存在を決定するのである。『自然』の形容外観は、『念(マインド)』がその産物として創造せるものである、『念(ねん)』の対象たる『自然』は、その欠くべからざる実質として、『霊』を本質としたものである。『自然』は理念の創造として『念(ねん)』によって造られたものである。」 20
「隣人を愛せよ」 108
「歴史は事実である。哲学は一層高き法則である。歴史的事実は超越的な理解によって哲学となるのである。人間のうちに『真の実在』の肖像(イメージ)が宿っている。人間の目に見える存在がこの『理想実在』と調和する時、すべてのものは彼にとって祥益となり福祉となるのである。完全なる真理こそ科学(サイエンス)である。科学(サイエンス)の精髄は実在の反映である。調和に到達する唯一の道は、神と神の反映とのほかに、何ものも生活意識にのぼさないことである」 17
「我が国はこの世の国に非(あら)ず」 125
「私こそ無原罪の受胎です」 143
「私は無原罪の受胎です」 144
「私はメシヤであるか、何であるか知らない、君の見たところ目撃したところを先生のヨハネにいうが好い、迷える霊は浄められ、舞踏病は治り、漁師は魚の山に乗り上げ、跛(あしなえ)は真直(まっすぐ)に歩き、硬直した膝は柔かくなった事実を見たと。」 58
「吾れこそは無原罪の受胎である」 145
「吾等は生命顕現の法則を無限生長の道なりと信じ、個人に宿る生命も不死なりと信ず」 26

新編 生命の實相 第五十六巻 下化衆生篇
哲学の実践

令和五年五月一日 初版発行

著者 谷口雅春

責任編集 公益財団法人 生長の家社会事業団
谷口雅春著作編纂委員会

発行者 白水春人
発行所 株式会社 光明思想社
〒一〇三―〇〇〇四
東京都中央区東日本橋二―二七―九 初音森ビル10F
電話〇三―五八二九―六五八一
郵便振替〇〇一二〇―六―五〇三〇二八

装幀 松本 桂
本文組版 ショービ
印刷・製本 凸版印刷
カバー・扉彫刻 服部仁郎作「神像」
©Iwao Hattori,1954

©Seicho-No-Ie-Shakai-Jigyodan,2023 Printed in Japan
落丁本・乱丁本はお取り換え致します。定価はカバーに表示してあります。
ISBN978-4-86700-041-0

光明思想社の本

谷口雅春著

新編　生命の實相

責任編集　公益財団法人生長の家社会事業団　谷口雅春著作編纂委員会

数限りない人々を救い続けてきた
〝永遠のベストセラー〟！

第一巻　総説篇　七つの光明宣言
第二巻　光明篇　生命に到る道
第三巻　実相篇　光明の真理（上）
第四巻　実相篇　光明の真理（中）
第五巻　実相篇　光明の真理（下）
第六巻　生命篇　生命円相の真理（上）
第七巻　生命篇　生命円相の真理（中）
第八巻　生命篇　生命円相の真理（下）
第九巻　聖霊篇　燃えさかる聖霊の火（上）
第十巻　聖霊篇　燃えさかる聖霊の火（中）
第十一巻　聖霊篇　燃えさかる聖霊の火（下）
第十二巻　実証篇　生長の家の奇蹟について
第十三巻　精神分析篇　精神分析による心の研究
第十四巻　生活篇　「生長の家」の生き方（上）
第十五巻　生活篇　「生長の家」の生き方（下）
第十六巻　観行篇　神想観実修本義（上）
第十七巻　観行篇　神想観実修本義（下）
第十八巻　霊界篇　霊界と死後の生活（上）
第十九巻　霊界篇　霊界と死後の生活（中）
第二十巻　霊界篇　霊界と死後の生活（下）
第二十一巻　万教帰一篇　真理の扉を開く（上）
第二十二巻　万教帰一篇　真理の扉を開く（中）
第二十三巻　万教帰一篇　真理の扉を開く（下）
第二十四巻　教育篇　「生長の家」の児童教育法
第二十五巻　倫理篇　永遠価値の生活学（上）
第二十六巻　倫理篇　永遠価値の生活学（下）
第二十七巻　人生問答篇　人生の悩みを解く（上）
第二十八巻　人生問答篇　人生の悩みを解く（中）
第二十九巻　人生問答篇　人生の悩みを解く（下）
第三十巻　宗教問答篇　人生の悩みに答う（上）
第三十一巻　宗教問答篇　人生の悩みに答う（中）
第三十二巻　宗教問答続篇　人生の悩みに答う（下）
第三十三巻　自伝篇　神示を受くる迄（上）
第三十四巻　自伝篇　神示を受くる迄（中）

定価各巻　1,676円（本体1,524 円+税10%）

定価は令和五年四月一日現在のものです。品切れの際はご容赦ください。
小社ホームページ　http://www.komyoushisousha.co.jp/

光明思想社の本

- 第三十三巻　自伝篇　神示を受くる迄（下）
- 　　　　　　聖詩篇　生長の家の歌
- 第三十四巻　聖語篇　智慧の言葉
- 第三十五巻　経典篇　聖経『甘露の法雨』講義
- 　　　　　　　　　　聖経『天使の言葉』講義（上）
- 第三十六巻　経典篇　聖経『甘露の法雨』講義
- 　　　　　　　　　　聖経『天使の言葉』講義（下）
- 第三十七巻　常楽篇　久遠常楽の生活
- 　　　　　　参考篇　心が肉体に及ぼす力
- 第三十八巻　質疑篇　真理の応用及び拾遺
- 第三十九巻　教育実践篇　人間を作る法（上）
- 第四十巻　教育実践篇　人間を作る法（中）
- 第四十一巻　教育実践篇　人間を作る法（下）
- 第四十二巻　久遠仏性篇　常楽宗教の提唱（上）
- 第四十三巻　久遠仏性篇　常楽宗教の提唱（中）
- 第四十四巻　久遠仏性篇　常楽宗教の提唱（下）
- 　　　　　　真理体験篇　近眼・色盲等は治るか
- 第四十五巻　女性教育篇　母・妻・娘の聖書（上）
- 第四十六巻　女性教育篇　母・妻・娘の聖書（下）
- 第四十七巻　児童教育篇　子供への光

- 第四十八巻　聖典講義篇　山上の垂訓の示す真理
- 第四十九巻　宗教戯曲篇　耶蘇伝・釈迦と維摩詰・月愛三昧（上）
- 第五十巻　宗教戯曲篇　耶蘇伝・釈迦と維摩詰・月愛三昧（中）
- 第五十一巻　宗教戯曲篇　耶蘇伝・釈迦と維摩詰・月愛三昧（下）
- 第五十二巻　随喜篇　把住と放行（上）
- 第五十三巻　随喜篇　把住と放行（下）
- 第五十四巻　道場篇　弁道聴き書き（上）
- 第五十五巻　道場篇　弁道聴き書き（下）
- 第五十六巻　下化衆生篇　哲学の実践

（以下続刊）

- 第五十七巻　幸福生活篇　幸福生活への根本真理
- 第五十八巻　功徳篇　宝樹華果多し
- 第五十九巻　幸福篇　日輪めぐる（上）
- 第六十巻　幸福篇　日輪めぐる（中）
- 第六十一巻　幸福篇　日輪めぐる（下）
- 第六十二巻　仏教篇　いのちの解脱（上）
- 第六十三巻　仏教篇　いのちの解脱（下）
- 第六十四巻　家庭教育篇　家庭と教育の基礎（上）
- 第六十五巻　家庭教育篇　家庭と教育の基礎（下）

定価各巻　1,676円（本体1,524 円+税10%）

定価は令和五年四月一日現在のものです。品切れの際はご容赦ください。
小社ホームページ　http://www.komyoushisousha.co.jp/

谷口雅春著　新装新版　真　理　全10巻

第二『生命の實相』と謳われ、「真理の入門書」ともいわれる『真理』全十巻がオンデマンド印刷で甦る！

四六判・各巻約370頁　各巻定価：2,200円（本体2,000円＋税10%）

第1巻　入門篇　第１章 宗教とは何であるか／第２章 内に宿る力／第３章 心の舵・心の鑿／第４章 働き上手と健康／第５章 経済生活の智慧／第６章 廃物を宝にする ／第７章 心は何処にあるか／第８章 健康の生かし方／第９章 人の値打の生かし方／第10章 大自然の力（以下16章）

第2巻　基礎篇　第１章 新生活への出発／第２章 祈りと想念と人生／第３章 人間解放の真理／第４章 光明生活に到る道／第５章 健康・財福・繁栄の諸原則／第６章 生命と智慧とへの出発／第７章 愛と祝福の言葉の力／第８章 内に在る天国浄土（以下６章）

第3巻　初学篇　第１章 物質人間を超える自覚／第２章 新たに生れる自覚／第３章 いのちの尊さの自覚／第４章 自覚を深めるための初伝／第５章 生きる力の不思議／第６章 地上に天国をつくる自覚／第７章 無限の遺産を嗣ぐ自覚／第８章 富の無限供給を自覚せよ（以下17章）

第4巻　青年篇　第１章 私の幼少年時代／第２章 天命を知ること／第３章 法則と真理に就いて／第４章 霊の選士としての青年の使命／第５章 先ず第一義のものを求めよ／第６章 吾が理想とする青年／第７章 黄金の鎖に繋がれた骸骨／第８章 幸福への道（以下９章）

第5巻　女性篇　第１章 これからの女性／第２章 婦人と家庭生活の智慧／第３章 秘密と罪の魅力について／第４章 女性の純情に就いて／第５章 妻としての真実の幸福／第６章 夫婦の意見が対立する場合／第７章 愛が失われた場合／第８章 愛と嫉妬に就いて（以下18章）

第6巻　人生篇　第１章 不勉強の子供を導くには／第２章 麻雀に凝る夫の外泊問題／第３章 子供の入学試験に直面して／第４章 学業を捨てて放浪する子供の問題／第５章 知性の勝った叛逆の子の導き方／第６章 叔父に反抗する少年をどう指導するか（以下27章）

第7巻　悟入篇　第１章 相即相入と聖使命菩薩／第２章 釈尊の自覚と生長の家／第３章 意識の拡大と魂の目覚め／第４章 現代思潮より観たる仏教／第５章 浄土真宗と生長の家との一致／第６章 諸法無我と久遠不滅／第７章 大乗仏教と生長の家（以下10章）

第8巻　信仰篇　第１章 日々の生活が宗教である／第２章 久遠不滅の生命を見つめつつ／第３章 宗教と現世利益の問題／第４章 人生の正しい考え方／第５章 進歩の源泉について／第６章 祈りの根本法則に就いて／第７章 自己に埋蔵された宝（以下９章）

第9巻　生活篇　第１章　新しき人間像／第２章 想念の選択による運命の改造／第３章 本当の幸福はこうして得られる／第４章 神と偕に生くる道／第５章 霊的修行と神に近づく道に就いて／第６章 神の叡智を身に受けて／第７章 繁栄への黄金律（以下７章）

第10巻　実相篇　第１章 生命の創造の秩序について／第２章 人類の理想への出発と発展／第３章 神の創造と人間の創作／第４章 無限の宝蔵を開く道 ／第５章 智慧に到る道／第６章 人生の行路に来るもの／第７章「人間」が高まるために／第８章 実相をみつめて（以下５章）

発行所　株式会社 光明思想社

定価は令和５年４月１日現在のものです。品切れの際はご容赦下さい。